Una luz en la Oscuridad

MARY SOUTHERLAND

EDITORIAL
PATMOS

Una luz en la oscuridad

Publicado por Editorial Patmos
Miami, Florida, EE.UU.

Publicado en inglés con el título *Coming out of the Dark,* por Harvest House Publishers, Eugene, Oregon, USA
© 2004 por Mary Southerland

Las citas bíblicas utilizadas en este libro han sido tomadas en su mayoría dela Nueva Versión Internacional 1,999 de la Sociedad Bíblica Internacional.
Cuando se utiliza otra versión, se le identifica inmediatamente después del pasaje citado.

Traducido al español por Silvia Cudich

ISBN: 1-58802-331-1

Categoría: Vida Cristiana / Ministerio / Mujeres

Dedicatoria

Este libro está dedicado a aquellas personas que habiten en la oscuridad y que hayan perdido toda esperanza. Pido a Dios que este libro las guíe a Aquél que es Luz y Dador de esperanza.

Este libro está dedicado a aquellas personas que observan impotentes cómo lucha un ser querido contra la oscuridad. Ruego que este libro les permita comprender mejor esa lucha y las equipe para ayudar a aquellos que amen.

¡Este libro está dedicado a aquellas personas que hayan logrado salir del pozo! ¡Ustedes son un trofeo del poder y la gracia de Dios! Ruego que este libro afirme su camino y les permita ayudar a otros que estén transitando por el suyo.

Reconocimientos

Gracias a mi esposo, Dan. Tú me conoces mejor que lo que yo me conozco a mí misma. Tu amor por mí ha definido quién soy. Tu buena voluntad de tomar este viaje conmigo es un regalo invalorable de amor generoso. Tú eres mi mejor amigo y mi constante aliento.

Gracias a mis hijos, Jered y Danna. Ustedes han completado mi vida y la han llenado de gozo y significado. Ustedes son mis maestros entrañables.

Gracias a mis amigos, Michelle y Jay. Ustedes ingresaron a nuestra vida y con vuestro amor intransigente estuvieron a nuestro lado durante la época más difícil. Jay, tú incentivaste y amaste a Dan cuando yo no podía hacerlo. Michelle, tú eres mi alma gemela.

Gracias a mi familia, Betty y Carey. Ustedes me ayudaron a crecer. Son más que una hermana y un cuñado. Son mis amigos.

Gracias a los pastores y congregación de Flamingo Road. Ustedes estuvieron junto a mí en la oscuridad y oraron hasta que volví a la luz. Ustedes son la iglesia más preciosa que conozco.

Gracias a todas las mujeres que me han incentivado a escribir este libro y que me han impedido abandonar la lucha. Pido a Dios que haya escrito nuestra historia bien.

Gracias a Aquél que comenzó su buena obra en mí, Cristo Jesús. Tú eres mi Señor y mi Amigo. Tú nunca me has

Índice

¿Qué Estoy Haciendo en Este Pozo?

*E*ra la primavera de 1995 y la Escapada de Primavera estaba a la vuelta de la esquina. Por lo general, este evento era lo más importante del año para mí. Siempre aguardaba con ansias enseñar en este retiro muy especial para las mujeres en Fort Lauderdale, Florida. Pero no este año. Este año ni siquiera deseaba ir, y menos enseñar.

Me sentía completamente vacía y totalmente agotada. Carecía de toda energía. Mi corazón y mi mente parecían estar paralizadas. Estaba absolutamente exhausta en todo sentido. Sin embargo, era lógico que me sintiera así. Después de todo, no había parado ni un instante durante todo el año.

Mi esposo, Dan, era el pastor y maestro de la Iglesia Flamingo Road, un ministerio contemporáneo, abierto a las personas que están en búsqueda de Dios en Fort Lauderdale. Nuestra iglesia había crecido enormemente ese año y había comenzado a reunirse en múltiples servicios. Yo concurría a todos, yendo temprano para darles la bienvenida a las personas que venían por primera vez y quedándome hasta tarde para ayudar a los necesitados. Estábamos en pleno proceso de transición, pasando de ser una iglesia muy tradicional a una muy contemporánea. Los cambios son siempre muy difíciles, pero esta experiencia había sido una pesadilla. Jamás había enfrentado semejante oposición. Jamás había sido el blanco de semejantes críticas. Jamás había conocido semejante rechazo como el que experimenté cuando aquellos que pensaba que eran mis amigos, comenzaron a atacar la integridad, corazón y visión de mi esposo. Parecía como que siempre había alguien parado en fila esperando cuestionar y criticar lo que estábamos haciendo. Me sentía como una herida abierta. Sabía que estábamos siendo obedientes a lo que Dios nos había llamado a hacer, pero parecía que muchos estaban en desacuerdo con nosotros. Me sentía herida y enojada, y no sabía qué hacer con todas esas emociones.

La música ha sido siempre una parte importante de mi vida. En el pasado, la música había sido una fuente de gran alegría y sanidad así como una preciosa herramienta de servicio. En los momentos difíciles, así como también en los gratos, me sentaba al piano y cantaba. Pero últimamente, había comenzado a detestar los martes y jueves, días en que enseñaba a 20 alumnos de piano y canto cómo servir a Dios con gozo mediante sus dones musicales. Me sentía una hipócrita. Ahora yo, la maestra, sentía terror de tener que ir a la iglesia los fines de semana. Mi ministerio como pianista se había convertido en una pesadilla. Cuando cantaba, ya no desbordaba la plenitud de mi corazón, sino que era más bien el desempeño de una tarea sin sentido de orden espiritual.

Había estado viajando mucho, dando charlas en conferencias y retiros para mujeres. Estaba a cargo de la dirección de un ministerio muy activo de mujeres de nuestra iglesia y enseñaba un estudio bíblico para la comunidad todos los jueves por la mañana. Dos o tres veces a la semana, por lo menos, me reunía con mujeres en crisis que necesitaban alguien que las escuchara, que se compadeciera de ellas, y que les ayudara a solucionar los problemas que enfrentaban. Era algo natural que estas mujeres esperaran que yo las escuchara, entendiera y les brindara respuestas llenas de gran sabiduría ya que mi esposo era un pastor, y todos saben que las esposas de los pastores lo saben y pueden todo.

En ese entonces, mi hijo Jered tenía once años y mi hija Danna, ocho. Me tenían de aquí para allá con las actividades de la escuela y de la iglesia, las tareas, los partidos de fútbol, prácticas de béisbol y las carreras cotidianas propias de los niños. Siempre me había encantado ser mamá, pero últimamente, hasta este rol me pesaba. Mi casa estaba impecable. Tenía que estarlo. Después de todo, una mujer perfecta tiene una casa perfecta. Ya que vivíamos en un vecindario cerca de nuestra iglesia, la gente nos visitaba continuamente. Además, todos los meses dábamos una recepción para los miembros nuevos de la iglesia, así como una fiesta anual de Navidad para toda la iglesia. Yo estaba acostumbrada a ser la que brindaba ayuda. Siempre era la persona a quien acudían los demás cuando necesitaban fuerza y dirección. Yo era la que incentivaba y cuidaba a todos. La gente que me conocía bien me describía como alguien que era muy fuerte. Toda mi vida sentí el impulso de sobresalir en todo, y si no lo podía hacer de manera perfecta, simplemente no lo hacía. Era una perfeccionista nata... reglamentariamente disciplinada... con muy poca simpatía por los débiles. Ahora, la fuerte, no podía siquiera salir de la cama. Hasta la decisión más tonta me producía pánico. La que solía desparramar sabiduría no podía siquiera confeccionar la lista de comestibles. La mujer que había enseñado a cientos de mujeres no podía enfrentar a grupos de ningún tamaño. Olvídense de las tareas importantes de la vida, ya que incluso las tareas más sencillas me parecían enormes montañas.

No podía preparar la comida, ni hacer las tareas del hogar, ni siquiera hacer las compras. Si lograba salir de la cama y vestirme para cuando llegaran los niños de regreso de la escuela, consideraba que mi día había sido un éxito. Lo único que deseaba era dormir y que me dejaran sola. Estaba paralizada. Había caído en un pozo profundo, oscuro e infame. No tenía idea de cómo había llegado allí. Y lo que me asustaba aún más todavía era enfrentarme a la dura realidad de que no tenía idea de cómo salir de él.

Decidí que lo que me ocurría era que estaba cansada. Todo lo que necesitaba era descansar. Con esa esperanza, mi familia y yo nos escurrimos de las planicies calurosas y húmedas de Florida para disfrutar de tres semanas en las frescas montañas de Carolina del Norte, mi lugar de vacaciones favorito. Esas vacaciones son sólo un recuerdo borroso en mi mente. Recuerdo muy poco de ellas. Durante esas tres semanas, cuando alguien me hacía alguna pregunta, mis dos respuestas eran: «No sé» y «Me da igual». Mis hijos se daban cuenta de que algo andaba terriblemente mal. Jamás me habían visto tan callada... tan quieta... y tan triste. Dan me escuchaba con paciencia mientras noche tras noche volcaba mi miedo y mi confusión. No parecíamos encontrar ninguna respuesta... sólo preguntas. En sus ojos, yo percibía el creciente temor que sentía en mi propio corazón. Jamás habíamos pasado por algo semejante. Estábamos en tierras extrañas. Nos encontrábamos en un mar desconocido que no sabíamos navegar. Era muy simple. Yo estaba en un grave problema y necesitaba ayuda.

A medida que aumentó la oscuridad, Dan y yo nos dimos cuenta de que teníamos que idear algún plan: ¡rápidamente! Decidimos que yo fuera a ver a una consejera cristiana. A menudo, Dan le enviaba gente, ya que tenía mucha confianza en ella. Su nombre era Betty Wells. A mi parecer, en mi primera visita no sucedió nada en particular... y fue una pérdida total de tiempo. Sin embargo, ella logró una cosa. Le puso nombre a mi pozo.

La depresión clínica era un problema casi desconocido para mí. Evidentemente, no se suponía que los cristianos fuertes y dedicados tuvieran que enfrentarse a ella, ya que jamás había escuchado que nadie la mencionara en la iglesia ni admitiera haberla padecido. Me negaba a pensar que existiera semejante debilidad en mi vida. Me sentía avergonzada ante lo que era sin duda un enorme fracaso de mi parte, pero estaba muy desesperada y dispuesta a hacer lo que fuera necesario para salir del pozo. Sabía también que no podría hacerlo sola. Durante los meses siguientes, Betty y Dan, junto con muchos otros, descendieron a ese pozo oscuro y resbaladizo para acompañarme y convertirse en la imagen de Dios para mí. Hicieron sonar la alarma y reunieron a las tropas.

Hoy día, puedo decir con la certidumbre de una experimentada habitante de pozos que existe la manera de salir de él. No soy una psicóloga. No soy una erudita de la Biblia. Soy simplemente una persona como muchas de ustedes que están buscando desesperadamente la luz y la libertad de la oscuridad. Tan sólo deseo compartir mi corazón, mi dolor, mi victoria… y mi trayecto para salir del pozo.

En medio de esos días sombríos, Dios susurró con suavidad una esperanza nueva a mi espíritu débil y lacerado. Le dio alimento y lo cultivó hasta que esa ínfima porción de esperanza se convirtió en un cimiento sólido y seguro sobre el que construyó una vida nueva, una vida más fuerte, una vida mejor. Dios me dio esa esperanza en la oscuridad, pero ella se ha convertido en una certidumbre aún más preciosa a la luz. Ustedes pueden, hoy mismo, poseer esa misma esperanza certera.

Esa esperanza la encontramos en el Salmo 40.1-3:

> Puse en el Señor toda mi esperanza; él se inclinó hacia mí y escuchó mi clamor. Me sacó de la fosa de la muerte, del lodo y del pantano; puso mis pies sobre una roca, y me plantó en terreno firme. Puso en mis labios un cántico nuevo, un himno de alabanza a nuestro Dios. Al ver esto, muchos tuvieron miedo y pusieron su confianza en el Señor.

Tengo buenas noticias para ustedes. Creo que una de las razones por las cuales Dios me permitió experimentar el pozo de depresión fue para ayudar a que otras personas supieran cómo salir de él. Deseo decirles a las que estén en ese pozo, y a aquellas de ustedes que estén mirando hacia abajo pensando cómo ayudar a alguien que aman, que no tienen que ser prisioneras de la oscuridad. No tienen que quedarse en su pozo. Tampoco tienen que estar allí de pie, impotentes, mientras que una amiga o familiar se ahoga en la oscuridad de la depresión. Fuimos creadas para vivir en la luz. De modo que levanten su rostro, abran su corazón y escuchen la voz de Aquél que las conoce y las ama más que ninguna otra persona en este mundo. Él puede sacarlas de la oscuridad, y así lo hará.

1
¿Qué es la Depresión?

Florida es famosa por unas depresiones de la superficie del suelo producidas cuando los materiales subyacentes se disuelven y se desmoronan. Como nací y me crié en Texas, pienso que estos agujeros son fascinantes. De repente, el suelo se desmorona sin previo aviso y razón alguna. De hecho, son la culminación de un largo proceso. Los científicos piensan que estos hoyos ocurren cuando los recursos debajo de la superficie se secan, haciendo que el suelo en la superficie pierda el apoyo subyacente. Luego todo se desmorona y se forma un horrible boquete.

La depresión y estos agujeros tienen mucho en común. A pesar de que la depresión parece asaltarnos de repente, en realidad es un proceso muy sutil y gradual. Poco a poco se reducen los recursos interiores, hasta que un día no existe la energía suficiente para llevar a cabo las actividades normales. El mundo se desmorona y nuestra existencia parece ser tragada por la oscuridad de un pozo negro.

Muchas personas creen que la depresión es un problema espiritual. Otros creen que es un problema físico. Yo pienso que es ambos.

El mundo conoce la depresión como un problema de salud. En realidad, la depresión es el problema de salud número uno de los Estados Unidos. Los estudios indican que la mitad de todas las mujeres y uno de cada tres hombres luchan normalmente con la depresión. Pienso que podemos decir con toda certeza que casi todas las personas experimentan depresión en algún momento de su vida. Dios conoce muy bien la depresión. Vino a la tierra y fue un ser humano como nosotros. Sus oídos están atentos al clamor de nuestro corazón. En el Salmo 40, David describe vívidamente la depresión como una fosa. Una fosa repugnante. Una fosa llena de lodo y fango. Es la imagen de un pantano donde no existe la estabilidad... no hay suelo firme. No parece posible escaparse de allí ya que no hay nada de donde agarrarse. Reina el miedo, causando estragos desde su trono de increíble oscuridad y soledad indescriptible. Se necesita alguien que haya experimentado la tortuosa realidad de ese pozo para describirlo de manera tan personal.

La depresión ha sido caracterizada como un túnel oscuro sin un solo rayo de luz. Muchos dibujantes de tiras cómicas la retratan como una pequeña nube negra que flota en el aire. Una amiga me dijo cierta vez: «Algunos días te toca ser el insecto. Otros días eres el parabrisas». Pero el Salmo 42.6 es el que mejor lo dice: «Dios mío, mi alma está abatida en mí» (RVR60).

Sentía que me habían arrancado el alma, la habían tirado al piso, y luego la había pisoteado un rebaño de elefantes enfurecidos. Me parecía como que me habían echado dentro de una prisión de infinita oscuridad, un pozo sin fondo de dolor donde sentía un miedo que me paralizaba pensando que me quedaría para siempre en ese lugar. El primer paso para salir de ese pozo de oscuridad fue enfrentar y entender verdaderamente la depresión en sí: una enfermedad que penetra y afecta cada una de las partes de nuestra identidad.

¿Quiénes luchan con la depresión?

Antes de mi experiencia personal en el pozo, mis palabras de aliento favoritas para cualquier cristiano que estuviera en problemas eran: «tienes que superarlos» y «encárgate de ellos». Mi imagen del cristiano victorioso no daba cabida a la debilidad. Después de todo, era la esposa de un pastor y era una maestra: una cristiana muy sólida. No se suponía que personas como yo lucharan con la depresión.

¿Recuerdan quién escribió el Salmo 40? David, el hombre que lo poseía todo. Cuando era un joven pastor, David había matado al gigante infame, Goliat. Luego se convirtió en un general, rey, esposo, padre y devoto seguidor de Dios. El éxito, el dinero, el poder y el prestigio eran una realidad aceptada en su vida. Dios describe a David como un hombre conforme a su corazón. Personas como él no tendrían que luchar contra la depresión. Pero David lo hizo, junto con muchos otros siervos escogidos de Dios.

- Job anhelaba la muerte e incluso cuestionaba por qué había siquiera nacido.

- Elías se sentó debajo de un enebro y le suplicó a Dios que lo dejara morir.

- El apóstol Pablo escribe en su segunda carta a los corintios: «Estábamos tan agobiados bajo tanta presión, que hasta perdimos la esperanza de salir con vida» (2 Corintios 1.8).

- Martín Lutero, un gran hombre de Dios, escribió el himno clásico «Poderosa fortaleza es nuestro Dios» de su propio pozo de depresión.

- Charles Spurgeon fue uno de los predicadores más importantes de la historia. Sin embargo, a menudo batallaba con la depresión.

- Durante la noche anterior a su crucifixión, Jesús fue a Getsemaní a orar. Sintiéndose completamente abandonado y totalmente solo, estoy segura de que él sintió como que había caído en un pozo profundo y oscuro de donde no había escapatoria posible. En la cruz, Él clamó, en toda su humanidad, a su Padre, porque Él, al igual que ustedes y yo, sentía un enorme dolor y angustia.

De modo que anímense. Si luchan con la depresión, están en muy buena compañía. ¿Quiénes luchan con la depresión? La respuesta es muy simple: todos.

¿Qué factores conducen a la depresión?

Hay muchos factores que pueden incitar o llevar a la depresión. Como no soy una experta en el campo médico o psicológico, voy a compartir sencillamente con ustedes los principales factores que experimenté en mi vida.

Falta de relaciones de reabastecimiento

El pozo de depresión es un lugar de aislamiento. Es un lugar donde las relaciones han sido ignoradas, mal manejadas o mal desarrolladas. Existen tres clases de relaciones en nuestra vida.

> La salud emocional es como una cuenta bancaria: los retiros y depósitos son los que determinan el saldo.

Relaciones de reabastecimiento. Las relaciones de reabastecimiento son aquellas que restituyen lo dado, haciendo que nuestra vida sea más plena y abundante. Ellas nos restauran y refrescan. Cuando la vida nos tira por el suelo, las personas que nos reabastecen nos vuelven a poner de pie.

Relaciones neutrales. Sin color ni carácter, las relaciones neutrales están simplemente presentes en nuestra vida. No nos reabastecen ni nos agotan, pero nos quitan valioso espacio emocional.

Relaciones agotadoras. Las relaciones agotadoras succionan, literalmente, nuestra energía, dejándonos exhaustas y agotando nuestros valiosos recursos emocionales. A estas personas las llamo agujeros emocionales negros porque no importa cuanto tiempo o energía les dediquemos o cuánto esfuerzo invirtamos en ellos, jamás es suficiente.

La salud emocional es como una cuenta bancaria: los retiros y depósitos son los que determinan el saldo. Cuando hacemos muchos retiros y pocos depósitos hay desequilibrio. Cuando no buscamos las relaciones de reabastecimiento, sino que desperdiciamos nuestros recursos emocionales limitados metiéndonos continuamente en un agujero emocional negro tras otros, al poco tiempo nos damos cuenta de que estamos emocionalmente en bancarrota.

Emocionalmente, es muy fácil girar al descubierto y gastar más de la cuenta. Muchas veces, estamos tan ocupadas que perdemos de vista la verdad básica de que nuestra relación de reabastecimiento más importante proviene de la intimidad con Jesús para la que fuimos creadas. En otras palabras, yo estaba tan involucrada en su obra que me olvidé de envolverme con su presencia.

Una mala imagen de sí misma

El Salmo 40.2 dice que el pozo de depresión está lleno de lodo. Esto nos tener una imagen clara y límpida de nosotras mismas.

Yo me había pasado toda la vida tratando de ganarme el favor de Dios, tratando de probar mi valía. Mi esperanza era que tanto Dios como mis seres queridos me amaran gracias a mi desempeño. Ese concepto falso me condujo a prioridades equivocadas, expectativas poco realistas, una constante condena de mí misma y muchísimo estrés. Pronto descubrí que tenía una enorme «S» tatuada sobre mi pecho. Estaba luchando, a brazo partido, por ser la Súper-mujer: todo para todos.

En muchas ocasiones, tratamos de servir a Dios con dones que no poseemos. Durante mi «experiencia en el pozo», aprendí una verdad muy importante: Dios nos capacita y nos da todo lo necesario para lograr lo que Él tiene preparado para nosotras. Cuando nos alejamos de su poder, comenzamos a obrar según nuestras propias fuerzas y dependemos de nuestros recursos. Esos recursos son sumamente limitados. Nuestra fortaleza humana no tardará en acabarse y el pozo del agotamiento y la depresión están a la vuelta de la esquina.

Experiencias pasadas

Como David, nosotras acumulamos heridas del pasado, pecados sin confesar y negamos el dolor con la esperanza de que todo desaparezca. En cambio, esta carga emocional que David llama «lodo» se convierte en una fuente maligna de podredumbre y destrucción. Solíamos vivir en el sur de la Florida, la cual es famosa por sus hermosas playas. Cuando mis hijos eran pequeños, preparábamos un picnic y nos íbamos con el coche al océano. Uno de sus fuegos favoritos era ver quién podía sostener una pelota inflable debajo del agua por más tiempo. Entraban al mar, empujaban la pelota debajo del agua, y comenzaban a contar. Pronto se les cansaban los brazos, o se les escapaba la pelota y salía a la superficie. Eso es exactamente lo que ocurre con el «lodo» de nuestra vida. Se deposita en el fondo de nuestra alma y, de vez en cuando, aparece cuando ya no tenemos la energía para mantenerlo sumergido. Entonces sale a la superficie y desparrama su fealdad y oscuridad sobre toda nuestra existencia. El «lodo» tienes diferentes formas y tamaños:

- el dolor que nunca hemos enfrentado

- la ira que nunca hemos resuelto

- el pecado que nos negamos a confrontar

- una gran pérdida

- la muerte de una ilusión

- la muerte de un ser querido

Mi padre falleció cuando yo tenía cuatro años. Mi madre se vio obligada a vender la granja que mi padre había construido con esfuerzo durante toda su vida y nos mudamos al pueblo cercano de Brownwood, Texas. Trabajaba de noche como mesera mientras que estudiaba enfermería durante el día. Aun después de convertirse en una enfermera vocacional, se vio forzada a cuidar niños y limpiar casas para poder mantenernos a mi hermano, mi hermana, mi abuela y yo. Cuando cumplí cinco años, mi mamá comenzó una batalla de 25 años contra el cáncer. Esa batalla oscureció todo durante mi niñez. En mi familia, la comunicación era mínima ya que no había tiempo ni energía para ella. No compartíamos nuestros sentimientos; los manteníamos ocultos, fuera de la vista de los demás. El «lodo» de mi vida comenzó a depositarse cuando yo era muy pequeña, y ni siquiera sabía que estaba allí.

> Cuando enterramos al dolor vivo, aparece continuamente en los momentos más inesperados.

Cuando fui a ver a mi consejera por primera vez, ella me pidió que escribiera algunos de los recuerdos de mi temprana niñez. Me dio un cuaderno con espiral junto con las instrucciones estrictas de «no complicar las cosas», incentivándome a no pensar demasiado sobre esa época y a escribir simplemente lo que me viniera a la mente. Tardé toda una semana en completar lo que percibía como una tarea totalmente inútil. Ante mi sorpresa, cuando ella me pidió que leyera en voz alta lo que había escrito, emergió un patrón algo inquietante. De mis veinte recuerdos, diecinueve eran negativos. Nunca había realmente reconocido o enfrentado la mayoría de ellos. Había allí otros recuerdos dolorosos, acechando en lugares recónditos y protegidos de mi corazón, a la espera de mi atención. Sin duda, a algunos los había ocultado allí porque eran demasiado dolorosos.

En las semanas siguientes, el Señor y yo revisamos juntos la enorme cantidad de «lodo» que se había acumulado en mi espíritu y mi vida. Juntos enfrentamos las experiencias que yo había bloqueado hasta el momento en que golpearon mi corazón y mi mente causando un dolor insoportable: un padre alcohólico; el doctor y amigo de la familia que me había abusado sexualmente durante una visita a su consultorio; momentos de soledad y rechazo; fracasos que me asolaban; conversaciones repletas de dolor; miedos irracionales que nunca había expresado. Parecía como que el flujo de recuerdos jamás llegaría a su fin.

Pero Dios es bueno. Yo pienso que Él nos da un mecanismo de defensa para aquellas experiencias que están más allá de lo que podamos enfrentar. Con dulzura, Él las guarda hasta que nos trae al lugar donde podamos lidiar con ellas. Cuando yo enfrenté la verdad de los recuerdos de mi niñez, sentí fortaleza y propósito. Dios no ha permitido que aquellas experiencias afecten mi vida sin razón alguna. Comencé a apreciar a mi madre de una manera diferente. Me di cuenta de lo maravillosa y fuerte que había sido. Comprendí que me había amado con todo su corazón. Ahora sé que cada gramo de su fortaleza lo dedicaba a sobrevivir. Había hecho lo mejor que podía. No me había sido fácil enfrentar la verdad, pero había dado algo positivo como resultado.

Cuando enterramos al dolor vivo, aparece continuamente en los momentos más inesperados. Debemos enfrentarlo y luego enterrarlo… muerto. Tenemos que lidiar con nuestro pasado. Debemos examinar cada experiencia hasta captar su semilla de victoria. La voluntad de Dios no admite derrota. La voluntad de Dios no nos penaliza. Podemos permitir que nuestro pasado nos venza o podemos utilizar ese pasado para que nos dé poder hoy día. Las experiencias dolorosas que tratamos de esconder con tanto afán pueden dejar de ser las arenas movedizas de la derrota para convertirse en los peldaños en el camino de la victoria y la sanidad.

La falta de una base sólida

En el Salmo 40.2, David proclama: «[Él] puso mis pies sobre una roca, y me plantó en terreno firme». Este versículo indica que no había existido un cimiento sólido en la vida de David. O, si lo había, alguien o algo lo habían destruido. Fuera cual fuera la razón, él no tenía una roca o terreno firme donde estar de pie.

Algunas de nosotras recibimos una base sólida y estable desde la niñez. Otras, no. Algunas de nosotras, mediante pura tenacidad, hemos forjado esta base durante nuestra vida adulta. Otras no lo hemos hecho y tampoco podemos hacerlo.

Lo importante no es cómo éramos ni cómo somos, sino lo que podemos ser. Todos los días, con cada experiencia, tenemos que intentar lograr una vida equilibrada. Lucas 2.52 nos dice que «Jesús siguió creciendo en sabiduría y estatura, y cada vez más gozaba del favor de Dios y de toda la gente». Durante todo el tiempo que Jesús habitó en la tierra, continuó creciendo mental, emocional, física, social y espiritualmente. En otras palabras, Él modeló la verdad que la base para la salud en todas las áreas de nuestra vida es el equilibrio. Cuando nuestra vida está fuera de control y carece de equilibrio, somos un blanco fácil para la depresión.

Un último pensamiento

Antes de que podamos superar nuestra depresión o ayudar a que los demás encuentren el camino de salida de la oscuridad, tenemos que entender qué es la depresión, quiénes luchan con ella, e identificar los factores que nos pueden llevar a la depresión. Es muy bueno poder obtener la mayor cantidad de información posible sobre qué es lo que causa la depresión. Sin embargo, muchas personas se preocupan tanto por establecer con exactitud cuáles son los factores de menor importancia que nunca alcanzan una solución.

Tiene que existir un camino que nos saque de este pozo…

2
Cómo Salir del Pozo

os niños son extraordinariamente diferentes. Cuando mi hijo, Jered, tenía nueve meses de edad, comenzó a agarrarse de cualquier mueble que pudiera soportar su pequeño cuerpo fornido para ponerse de pie. Durante semanas, maniobró abriéndose paso por toda la casa hasta el día que dio su primer paso… solo. Ahora, era apenas un paso de unas pocas pulgadas, pero todos lo celebramos como si hubiera corrido una carrera de diez millas. Y luego estaba mi hija Danna, que ya gateaba a los cuatro meses de edad, antes de siquiera poder sentarse. Pensamos que caminaría en unas pocas semanas más. Pero Danna tenía un plan diferente. Jamás se tomó de los muebles para ponerse de pie. Jamás dio un paso. Pero un día, cuando tenía diez meses, se paró y corrió de un lado al otro de la habitación. Hoy día, tanto Jered como Danna caminan muy bien como adolescentes, pero ambos comenzaron dando pequeños pasos acorde a un plan exclusivo de cada uno de ellos.

Nadie se deprime de la noche a la mañana. Nadie supera la depresión de la noche a la mañana. El camino para salir del pozo de la depresión es un proceso de pasos planeados de manera exclusiva por nuestro Padre. Él es la Guía de nuestro trayecto para salir de la oscuridad.

Primer paso: Esperar a Dios

En el Salmo 40.1, David escribe: «Pacientemente esperé a Jehová» (RVR60). Siempre pensé que la espera es algo pasivo y la consideré como algo poco valioso, incluso como una pérdida de tiempo. Pero comencé a darme cuenta de que esperar es algo activo y que puede ser una poderosa experiencia espiritual.

Esperar significa aceptar el pozo

Cuando entregamos nuestra vida a Dios, nada puede tocarnos que no haya pasado primero por sus manos. Y cuando pasa una experiencia dolorosa por esas manos de amor, esas manos que están consagradas a nuestro crecimiento, esa experiencia dolorosa se transforma. En las manos de nuestro Padre amoroso, todo lo que solía ser destructivo se convierte en una herramienta. Él lo toma, le pone una empuñadura y luego lo utiliza como una herramienta para nuestro bien.

> Él nos ama demasiado como para
> desperdiciar nuestro dolor.

Cuando nos asaltan los momentos difíciles, de inmediato comenzamos a suplicar y a negociar nuestro rescate: una vía de escape. Él nos ama demasiado como para desperdiciar nuestro dolor. Él está más interesado en nuestra madurez a largo plazo que en nuestra comodidad presente.

El amor que rescata fácilmente es un amor superficial. El amor que nos rescata rápidamente es aquél que no tiene profundidad alguna. A veces, nuestro Padre nos dice que esperemos. De modo que seamos pacientes, aceptemos nuestro pozo y sepamos que Él está obrando en nosotras.

Esto es algo que me cuesta mucho, ya que odio esperar. Después de haber visto a mi consejera varias veces, regresé a casa furiosa. Entré y pegué un portazo. Luego le anuncié en voz alta a mi esposo: «No regresó más. Ella no ha conseguido arreglar nada».

Imagínense lo que es caer en un pozo resbaladizo. La primera reacción, como fue la mía, sería probablemente luchar por salir de allí. Luego, después de haber utilizado toda nuestra energía, dejaríamos de luchar y nos sentaríamos a descansar y a esperar ayuda, ya que es lo único que podemos hacer. No tenemos ninguna otra opción.

Cuando agotamos nuestros recursos, recién entonces Dios comienza su obra de sanidad y restauración. Pero primero tenemos que aprender a aceptar el pozo y la espera. Parte de la espera involucra una búsqueda. Esperar a Dios equivale a buscarlo: a examinar cada circunstancia para encontrar sus huellas. Esperar es confiar. Esperar es descansar. Esperar es la absoluta confianza en que Dios va a intervenir. Esa decisión a esperar exige confianza de nuestra parte, porque la aceptación surge del suelo fértil de nuestra confianza.

Esperar significa que admitimos que existe un problema

Podemos ser muy orgullosas y autosuficientes. Es muy difícil admitir que somos impotentes y que debemos esperar a Dios. En realidad, podemos aprender a celebrar nuestra impotencia. Puede llegar el momento en que nos regocijemos de nuestras debilidades. Nuestras debilidades e impotencia son una invitación a que el poder de Dios venga a morar en nosotras y se manifieste en nuestra vida. Isaías nos dice que «Él fortalece al cansado y acrecienta las fuerzas del débil» (Isaías 40.29).

Steve Brown, un autor cristiano con un gran sentido del humor, cuenta la historia de tres hombres que murieron y se fueron al infierno. El primer hombre se había desempeñado como diácono, maestro y líder en su iglesia en la tierra. Estaba siempre allí cuando se abrían las puertas, pero todo eso no era más que un show. Había simplemente jugado con Dios. Ahora era demasiado tarde. El segundo hombre buscaba por todas partes aquellos hipócritas que tantas veces había criticado con su celo religioso. No estaban allí. Quizás habían estado en lo correcto, después de todo. Cómo deseaba haberles escuchado. El tercer hombre era un maestro muy conocido que solía enseñar los principios del pensamiento positivo. Estaba sentado en un rincón, con el rostro inclinado, repitiendo una y otra vez: «No hace calor y yo no estoy aquí».

En vez de escondernos o tratar de encontrarle una explicación lógica a la oscuridad, tenemos que estar dispuestos a admitir honestamente que estamos luchando con la depresión. El orgullo siempre impide la autenticidad. La salud emocional comienza con la integridad emocional; cuando podemos ser lo suficientemente honestos como para decirnos a nosotros mismos y a los demás: «Necesito ayuda». Jamás podremos estar en lo correcto a menos que escojamos ser veraces.

Esperar significa practicar la transparencia

En esa época, mi esposo era el pastor y maestro de una gran iglesia, muy visible y de rápido crecimiento. Dan y yo teníamos que tomar una decisión. Podíamos escoger ser transparentes y genuinos o podíamos intentar reclamar nuestro derecho a nuestra privacidad y ocultar mi lucha. Elegimos ser transparentes y comenzamos a compartir nuestro dolor con el equipo que Dios había reunido alrededor de nosotros. Informamos a los pastores y sus esposas con lujo de detalles. Reunimos a nuestros diáconos, quienes son maravillosos alentadores, y les contamos lo que ocurría. Luego, tomamos un riesgo aún mayor cuando compartimos mi lucha con toda la congregación.

Muy pronto descubrimos que compartir la crisis aliviaba nuestra carga. La respuesta a nuestra transparencia y deseo de compartir nuestro dolor con aquellos que habían conocido también el sufrimiento fue algo absolutamente asombroso. La gente comenzó a orar. Comenzaron a llegar por correo innumerables tarjetas, cartas y versículos de la Biblia. Las mujeres venían a nuestra puerta trayéndonos comida. A veces, otras venían a limpiar mi casa, lavar la ropa y entretener a los niños. Los diáconos se ubicaban en diversos lugares de la iglesia durante el culto que yo asistía. Si yo me veía envuelta en una situación difícil o alguien me detenía durante demasiado tiempo, me daba vuelta y les hacía una seña con la cabeza. Enseguida, ellos se acercaban, me tomaban del brazo, y me llevaban caminando al coche. Luego me daban un abrazo y me decían que me fuera a casa. Como resultado de esta transparencia recibimos otra bendición más: una amistad preciosa. Cuando Dan y yo comenzamos a compartir con los demás lo que estábamos pasando, una buena amiga, Michelle Johnson ingresó a mi vida. Porque necesitábamos una sala de estudio en casa, Dan y yo nos acabábamos de mudar a una casa en el vecindario donde vivían Michelle y su familia. Michelle y yo nos habíamos conocido varios años atrás, ya que nuestros hijos concurrían a la misma escuela y ambas habíamos trabajado juntas en el ministerio de mujeres de nuestra iglesia.

Un martes a la mañana, me senté con Michelle y le expliqué que yo tenía que suspender mi liderazgo en la iglesia mientras me ocupaba de mi depresión. Su respuesta fue inmediata y categórica. ¿Cómo podía ayudarme? ¿Qué podía hacer? Yo no sabía qué decirle. No importaba. Ella supo qué hacer. A lo largo de los años, Michelle estuvo siempre presente a mi lado. Una y otra vez se encargó de situaciones y me escudó, protegió, amó y animó. Dios utilizó su amistad para salvar mi vida. Su esposo Jay era una poderosa fuente de fortaleza y estímulo para Dan, y nuestros niños se hicieron grandes amigos. A menudo me pregunto si mi familia y yo nos habríamos perdido el preciado don de la amistad si hubiéramos escogido ocuparnos de mi dolor en privado.

Hemos sido creados para compartir nuestra carga con los demás. Isaías 35.3-4 lo dice claramente: «Fortalezcan las manos débiles, afirmen las rodillas temblorosas; digan a los de corazón temeroso: 'Sean fuertes, no tengan miedo. Su Dios vendrá, vendrá con venganza; con retribución divina vendrá a salvarlos'». Nos necesitamos los unos a los otros. Una carga compartida es una carga más liviana. La transparencia trae salud. La autenticidad genera restauración.

Esperar significa abrazar la soledad

En el pozo está tan oscuro que no podemos ver nada. Lo único que podemos hacer es esperar y confiar y descansar. En el medio de mi depresión, comencé a descubrir que la oscuridad es un excelente lugar para estar solas. No existen demasiadas distracciones. Cuando aparece la Luz, es fácil verla y hay momentos en que el silencio contribuye a que la voz de Dios sea clara y rotunda.

«Quédense quietos, reconozcan que yo soy Dios» (Salmo 46.10). Si estamos a las corridas, no podemos reconocer a Dios. La soledad permite que nuestras almas lo alcancen.

En las junglas del África, un cierto turista estaba haciendo un safari. Para poder cargar todo lo que necesitaban, empleó a nativos de una tribu. El primer día, caminaron de prisa y avanzaron mucho. El turista estaba entusiasmado porque deseaba llegar allí rápido. La segunda mañana, el turista se levantó temprano y estaba listo para partir, pero los nativos se negaban a moverse. Estaban sentados descansando. Cuando el turista les preguntó qué ocurría, le respondieron que habían ido demasiado rápido el primer día. Ahora estaban esperando a que sus almas los alcanzaran.

¡Qué profundo concepto habían captado! La tensión, el apuro y la intensa actividad pueden hacernos perder nuestra perspectiva, llevándonos a desconectarnos de nosotras mismas y de nuestro propósito en la vida. Cuanto más ocupadas estemos, tanto mayor será nuestra necesidad de estar solas. Me encanta el lema griego que dice: «Si mantienes el arco continuamente en tensión, lo romperás». Una de las razones principales por las que me quebranté fue porque esa soledad no había sido jamás parte de mi vida. Yo estaba demasiado ocupada siendo espiritual. Estaba muy atareada tratando de ganarme el amor y la aprobación de Dios. Estaba demasiado ocupada tratando de ser buena. Estaba demasiado ocupada huyendo del pasado.

Durante mis dos años en la fosa, abandoné todos mis roles de liderazgo para poder pasar tiempo a solas, buscando a Dios. Me daba la impresión de que había dejado atrás toda mi identidad, ya que mucho de lo que yo era se basaba en mis actividades. Muchas veces caminaba hacia la puerta de entrada de nuestra iglesia, me detenía, y me tenía que alejar aterrada. Simplemente, no me podía obligar a mí misma a entrar. Mientras luchaba con la culpa y las acusaciones por mi debilidad, el Padre me enseñó una verdad muy importante que revolucionó mi vida. Él está más preocupado por quién yo soy que por lo que hago. Él me ama: con todos mis defectos incluidos. Aun cuando no haga nada más en el reino, Él me sigue amando. Lo que haga o lo que no haga no afecta su amor por mí. Simplemente me ama. Esa verdad increíble nació en la oscuridad, a solas.

El primer paso que tenemos que tomar para salir del pozo es esperar. Mientras que aguardamos, tenemos que admitir que existe un problema, aceptar el pozo, practicar la transparencia y abrazar nuestra soledad.

Segundo paso: Pedir ayuda

«Él se inclinó hacia mí y escuchó mi clamor» (Salmo 40.1).

Muchas veces, la gente en la cárcel de la depresión busca ayuda en los lugares equivocados. Permítanme que comparta con ustedes algunos de los lugares donde podemos encontrar ayuda.

Acudan a Dios

Éste es un pensamiento asombroso: El Dios del universo, Aquél que ha creado el mundo y que ha lanzado las estrellas al espacio, espera y escucha el clamor de sus hijos. Cuando ellos claman, Él se acerca como una madre que corre a ayudar al hijo enfermo que la llama en medio de la oscuridad de la noche. Dios se acerca a nosotras de muchas maneras.

Leyendo su Palabra: «Tu palabra es una lámpara a mis pies; es una luz en mi sendero» (Salmo 119.105). Durante los dos años más oscuros de mi depresión, viví sumergida en el libro de los Salmos. Ya no podía estudiar, pero podía meditar. Una amiga me había dado una cinta grabada instrumental de los himnos. Todos los días, colocaba esa cinta en el pasacasete, desconectaba el teléfono y leía salmo tras salmo. Eran como el agua para un corazón sediento; un oasis para un niño cansado o para alguien que está deambulando por un desierto árido y estéril.

Me encontré a mí misma en las palabras que leía y encontré un enorme consuelo en el hecho de que Dios estaba absolutamente conciente de todo lo que yo sentía.

Hablando con Él. «Porque el Señor mira con buenos ojos a los justos y sus oídos están atentos a sus oraciones» (1 Pedro 3.12). La oscuridad suscitó las plegarias más candorosas de mi vida. Día tras día, noche tras noche, volqué las preguntas que siempre había temido preguntar. Volqué los miedos más profundos y el dolor más inmenso de mi alma. Aquellas fueron las oraciones más honestas y poderosas de mi vida.

Aprendí a acercarme a mi Padre con confianza, aunque aprendí también a escuchar como nunca lo había hecho antes. Comencé a enamorarme de Aquél que me había creado en el vientre de mi madre y me había apartado para Él. Cuando pasamos tiempo con Él, lo amamos y aprendemos a conocer el sonido de su voz.

Escribiéndole: «Que nunca te abandonen el amor y la verdad: llévalos siempre alrededor de tu cuello y escríbelos en el libro de tu corazón» (Proverbio 3.3). Comencé a escribir un diario. Esa costumbre se convirtió en un factor muy importante para sanarme. Ahora sé por qué Dios escogió revelarse de manera escrita. Es poderoso. Algunos días, apenas escribo una oración o dos. Otros días, lleno páginas enteras con las verdades que he descubierto o con preguntas que no tienen aún respuesta. Cuando comencé a ver su obrar, el diario se convirtió en un registro de hitos espirituales que eran un recordatorio constante de su fidelidad conmigo aun cuando yo no tuviera fe.

> Muchas veces, la depresión está arraigada a un problema físico y puede responder a medicación.

Dios está esperando la invitación de ustedes. Él está esperando oír su voz. Ahora mismo, allí mismo donde se encuentren, clamen y pídanle ayuda.

Acudan a médicos y consejeros

Muchas personas dicen que la depresión es sólo un problema espiritual y que, por lo tanto, las soluciones para ella son únicamente espirituales. No podría estar más en desacuerdo con esto.

Escuché la historia de una pequeña niña que se asustó mucho durante una tormenta terrible. La niñita estaba tan asustada que comenzó a gritar. Su papá acudió corriendo, la tomó en sus brazos y la sostuvo con firmeza. Mientras la sostenía, le explicó que no tenía nada que temer, ya que Dios se ocupaba de ella. La pequeña niña pensó durante un momento y luego replicó: «Yo sé que Dios me cuida y me ama, pero en este momento, Papi, necesito alguien recubierto de piel».

A menudo necesitamos «alguien recubierto de piel» que nos ayude salir de nuestra depresión. La persona puede ser un médico. Deseo sugerir a todas las personas que estén experimentando depresión que se hagan un examen físico lo antes posible. Muchas veces, la depresión está arraigada en un problema físico y puede responder a medicación. Después de someterme a un examen físico y varios análisis de sangre, mi médico descubrió que yo tenía un desequilibrio químico que había estado probablemente allí desde mi temprana niñez. Ese desequilibrio químico me hacía más propensa a la depresión. Simplemente pensaba que todos percibían la vida de la misma manera que yo: como una fotografía mal revelada con parches negros en los bordes. Parecía como que yo había vivido toda mi vida tratando de escaparme de una sombra tras otra. No tenía idea de que un problema físico estuviera contribuyendo a mi percepción sombría de la vida. El médico me recetó un medicamento que corregiría ese desequilibrio, pero no eliminaría la depresión. Simplemente me daba la fuerza y la energía para comenzar a lidiar con los asuntos que me habían llevado al pozo. El medicamento niveló el campo de juego de manera que pudiera comenzar a ocuparme de las múltiples causas de mi depresión.

La consejería bíblica es otra arma valiosa en la batalla contra la depresión. Dios les dio a los consejeros sus dones para que los utilizaran en el ministerio. Él tiene que haber sabido que los necesitarían. Betty Wells y Jim Vigorritto, los consejeros que me ayudaron a atravesar la crisis, tenían el don de sanar. Ellos han sabido equilibrar el mundo psicológico con las Escrituras y el poder de sanar de un Dios vivo. Él los utilizó a ambos como instrumentos vitales para sanarme. «Cuando falta el consejo, fracasan los planes; cuando abunda el consejo, prosperan» (Proverbio 15.22).

Acudan a su equipo de apoyo

Un equipo de apoyo es un elemento esencial para todos aquellos que estén en el poso de la depresión. Cuando yo no tenía fuerza para dar el paso siguiente, mi equipo me cargaba. Cuando no merecía amor, ellos me amaban. Cuando tenía el deseo de abandonar la lucha, ellos me estimulaban. Si no hubiera sido por mi familia, mi iglesia y mis amigos, yo estaría todavía en medio de la oscuridad.

Cuando me casé con un integrante de la familia Southerland, yo no sabía que ir de campamento era parte del trato. Si lo hubiera sabido, quizás lo habría pensado mejor (lo digo en broma). Decidí que podía aprender a ir de campamento y que quizás me gustaría hacerlo. Mi primer viaje al Lago Greason al pie de los montes Ozark fue una gran experiencia. No tardé mucho en aprender la rutina.

Todos los días, mi suegra preparaba un enorme desayuno. Después, los niños lavaban los platos mientras que Mamá se iba a su tienda, se ponía su traje de baño, sus anteojos de sol, tomaba una toalla y partía para el lago. En la playa, ella elegía la cámara de un neumático, colocaba su toalla en un cierto lugar, entraba al lago, y se sentaba en la cámara. Luego flotaba encantada durante horas.

Había un pequeño problema con este plan. El Lago Greason tiene una corriente que la arrastraba a Mamá por el lago, le daba la curva y la colocaba en el paso de las lanchas de esquí. Varias veces al día, alguien tenía que nadar tras ella, para traerla a la seguridad de la costa, donde ella les daba las gracias y volvía nuevamente a flotar con toda tranquilidad. Por fin, los niños tuvieron una gran idea. Tomaron una soga de esquí, ataron un extremo a la cámara de Mamá y el otro extremo a una estaca de madera que habían enterrado de manera segura en el suelo de la playa. Así, ella podía flotar hasta que la soga llegara a su máxima extensión y luego alguien jalaba y la traía de regreso a la costa.

Eso es exactamente lo que hicieron los integrantes de mi grupo de apoyo. Ellos me rescataron, una y otra vez. Ellos podían ver los peligros que yo no tenía la fuerza para percibir. Me prestaron su energía cuando la mía se había agotado. Se convirtieron en una cuerda de salvamento que me impedía llegar al borde del desastre. ¿Acaso afectó mi depresión la opinión que ellos tenían de mí? Absolutamente. Les mostró que yo era exactamente igual a ellos. No era la Súper-mujer. Les dio permiso de encarar su propia debilidad. Les modeló autenticidad y transparencia, y los animó a ser auténticos. En nuestra iglesia, he enseñado muchas verdades bíblicas, pero esta verdad era algo que yo vivía delante de sus ojos y quizás haya sido la lección más poderosa que haya jamás compartido con los demás. Tenemos que pedir ayuda.

Es posible que algunas de ustedes estén pensando que no existe nadie dispuesto a ser miembro de su equipo de apoyo. Si ustedes claman a Dios y buscan honestamente ayuda, Él traerá personas que las ayuden.

Tercer paso: Cuenten con Dios

«Me sacó de la fosa de la muerte, del lodo y del pantano; puso mis pies sobre una roca, y me plantó en terreno firme. Puso en mis labios un cántico nuevo, un himno de alabanza a nuestro Dios. Al ver esto, muchos tuvieron miedo y pusieron su confianza en el Señor» (Salmo 40.2-3). Este pasaje promete que Él nos va a liberar. Nos va a dirigir. Nos va a restaurar. Nos dará alegría. Nos usará para traer a otros a Él.

Cuando estamos sentadas en el fondo de un pozo horrible, rodeadas de las diferentes partes destrozadas de nuestra vida, ésta es una lista de tareas bastante impresionante. Pero los caminos de Dios no son iguales a los nuestros. «¡Dios es inmensamente rico! ¡Su inteligencia y su conocimiento son tan grandes que no se pueden medir! Nadie es capaz de entender sus decisiones, ni de explicar sus hechos» (La Biblia en lenguaje sencillo).

Dios se siente atraído por el quebranto. Al primero que se acerca es al quebrantado. El Salmo 40.1 dice: «Él se inclinó hacia mí». Noten que no dice que David se inclinó hacia Dios. No creo que David pudiera hacerlo. Conociendo el deseo del corazón de David y comprendiendo su debilidad, Dios escuchó su clamor y se inclinó hacia David de la misma manera que Él escucharía nuestro clamor y se inclinaría hacia nosotras. «En su angustia clamaron al Señor, y él los salvó de su aflicción. Los sacó de las sombras tenebrosas y rompió en pedazos sus cadenas» (Salmo 107.13-14). «Conduciré a los ciegos por caminos desconocidos, los guiaré por senderos inexplorados; ante ellos convertiré en luz las tinieblas, y allanaré los lugares escabrosos. Esto haré, y no los abandonaré» (Isaías 42.16).

Durante las horas de mayor oscuridad, yo no dejaba de cuestionar a Dios. Arrojaba mi enojo hacia él como una lanza. Mi corazón y mi alma estaban llenos de temor y confusión, en vez de fe y confianza. Sin embargo, Él nunca se alejó de mí. Conocía cada una de las lágrimas que yo derramaba. «Toma en cuenta mis lamentos; registra mi llanto en tu libro. ¿Acaso no lo tienes anotado?» (Salmo 56.8).

De todas esas lágrimas y quebranto ha surgido el ministerio más efectivo y poderoso de mi vida. He descubierto que cuanto más quebrantadas estemos, más nos utilizará Dios. Podemos confiar en Dios. Podemos acreditar su gracia a nuestra cuenta.

La misericordia es cuando no recibimos lo que verdaderamente nos merecemos. La justicia es cuando recibimos lo que merecemos. La gracia es cuando recibimos lo que no merecemos.

Somos trofeos de la gracia de Dios, y podemos contar con Él.

Cuarto paso: No abandonemos la lucha

«Pacientemente esperé a Jehová» (Salmo 40.1 RVR60). La paciencia exige perseverancia e infatigable compromiso. Seamos pacientes con nosotras mismas. No perdamos las esperanzas en nosotras. El trayecto que tenemos por delante es una maratón, no una carrera de 100 metros llanos. En mi propia experiencia, tardé 45 años en tocar fondo. He tardado cuatro años en poder salir... hasta ahora. Todavía estoy trepando. Tenemos que tener paciencia. Tenemos que estar dispuestas a perseverar. Este poema me ha ayudado a comprender el valor de la paciencia.

Dos sapos cayeron en un recipiente de crema
O así me contaron.
Los lados del recipiente eran lustrosos y empinados,
La crema era profunda y fría.

«Ah, ¿para qué?» dijo el N° 1.
«Es el destino; no hay ayuda cercana.
Adiós, amigo mío. Adiós, triste mundo».
Y llorando aún, se ahogó.

Pero el N° 2, más fuerte,
Nadó como pudo, sorprendido,
Mientras se limpiaba su cara cubierta de crema,
Y se secaba los ojos.

Nadaré un poco, al menos, pensó.
O eso es lo que me contaron.
Realmente, sería de poca utilidad para el mundo
Que muriera un sapo más.

Durante una o dos horas, pataleó y nadó.
Ni una sola vez se detuvo a quejarse.
Sino que pataleó y nadó, y nadó y pataleó.
Luego pegó un brinco, a través de la manteca.*

Seamos pacientes. Sigamos pataleando y nadando a través de aquello que amenace con ahogarnos. La paciencia y la perseverancia tendrán su compensación.

Años atrás, en una gran ciudad del sudeste de los Estados Unidos, el gran pianista Paderewski estaba programado para dar un concierto. La ciudad estaba colmada de entusiasmo, y por fin había llegado el día. Esa noche, entre la multitud en la gran sala de conciertos se encontraba una joven madre que tenía a su pequeño hijo tomado fuerte de la mano. Con la esperanza de inspirarlo a que practicara, ella lo había traído a esta actuación maestra. Cuando se sentaron, y mientras esperaban que comenzara el concierto, ella giró su cabeza para observar a la gente que iba llenando el auditorio. El pequeño niño vio su oportunidad de escaparse. Silenciosamente, se deslizó de su asiento y caminó por el pasillo hacia el escenario. Cuando llegó al foso de la orquesta, un foco iluminó el gran piano y el niño dio un grito ahogado cuando vio la belleza del instrumento. Nadie se había dado cuenta de que el niño había subido al escenario por las escaleras laterales y se había sentado en el taburete del piano. Nadie lo vio, hasta que comenzó a tocar una canción sencilla. Toda la sala de conciertos se silenció. Luego la gente comenzó a gritar: «Sáquenlo del escenario». Entre bastidores, Paderewski se dio cuenta de lo que había ocurrido, tomó su saco y corrió hacia el niño. Sin decir una sola palabra, se inclinó detrás de él, colocó sus manos junto a las suyas, y comenzó a componer una bellísima melodía de acompañamiento. Mientras tocaban juntos, le susurraba al oído: «No te detengas. Sigue tocando. No abandones».

En Filipenses 1.6, el apóstol Pablo lo dice de esta manera: «Estoy convencido de esto: el que comenzó tan buena obra en ustedes la irá perfeccionando hasta el día de Cristo Jesús».

Ahora mismo… allí donde estén… vuestro Padre está de pie junto a ustedes rodeándolas con sus brazos. Escuchen mientras que Él les dice suavemente: «No te detengas. Sigue tocando. No abandones».

No abandonemos la lucha. Démonos por vencidas y permitamos que Dios asuma el control. Él convertirá esa fosa en un altar sobre el que nuestro espíritu quebrantado puede ser colocado como un dulce sacrificio de alabanza. Dios desea que nosotras experimentemos restauración y que luego seamos un instrumento de restauración para los demás. Yo sé que la música de nuestra alma puede estar llena de caos y disonancias, pero incluso en este momento, el Maestro está componiendo el resto de nuestra canción. Y un día muy pronto, será una canción de belleza y esplendor. Un día, saldremos de la oscuridad.

3
Cómo Superar Nuestro Pasado

Cuando pensamos en el pasado, algunas de nosotras recordamos las épocas en que todo era mejor, más sencillo y más económico. Para otras, el pasado contiene imágenes brillantes de grandes logros, resultados exitosos y momentos de felicidad. Para otras, el pasado es algo que desearían borrar para siempre. Desearíamos tener un enorme borrador para poder mágicamente eliminar todo el dolor. Lo más probable es que nuestro pasado contenga un poco de cada una de estas cosas.

Alguien dijo alguna vez: «Los recuerdos pueden ser un maravilloso cofre de tesoros para aquellos que saben cómo empacarlo». James Barrie escribió: «Dios nos dio recuerdos para que nosotros pudiéramos tener rosas en diciembre».

Todas nosotras tenemos que lidiar con nuestro pasado. De algún modo tenemos que lograr que el pasado sea nuestro amigo en vez de nuestro enemigo. Si deseamos victoria hoy, esperanza para mañana, y una vida libre llena de gozo, tenemos que enfrentar nuestro pasado. La razón es muy sencilla: no podemos cambiarlo. Y, a pesar de que no lo podemos cambiar, podemos cambiar la manera en que respondemos a él.

Cuando mi hija Danna era pequeña, me di cuenta de que se parecía mucho a mí, sobre todo en la manera en que enfocaba sus mañanas. Yo odio las mañanas. Danna también. Siempre trataba de sacarla de la cama ofreciéndole un rico desayuno. No tardé mucho en darme cuenta de que mi arma más poderosa era su cereal favorito.

Una mañana, Danna estaba moviéndose muy despacio y yo había comenzado a perder la paciencia. Mientras le servía su cereal, la llamé para que viniera a tomar el desayuno. Estaba agregando la leche, cuando escuché su voz desde el dormitorio que me decía: «Mamá, no viertas todavía la leche». Bueno, ya era demasiado tarde, pero pensé: No hay problema. Ella no se va a dar cuenta de que ya lo hice. Cuando apareció en la cocina unos minutos más tarde, le echó una mirada al cereal, colocó sus manos en el lugar donde algún día estarían sus caderas y, apuntando su preciosa nariz respingada hacia arriba, anunció: «Yo no puedo comer eso». En ese momento, pensé: ¿De quién fue la idea de tener hijos? Afortunadamente no fue más que un pensamiento fugaz. Con toda calma, le pregunté: «¿Y qué tiene de malo este cereal?» Mi hija me miró con la lástima con la que miramos a los que no tienen idea de las refinadas cualidades de la preparación de cereales con leche: «Mamá, cuando echas leche demasiado pronto sobre el cereal, éste se ablanda todo. Y todo el mundo sabe que deja de ser crocante».

¿Cómo logramos que nuestro pasado vuelva a ser crocante? Para poder responder esa pregunta, me dirijo a mi personaje bíblico favorito: David. Bueno, éste era sin duda un hombre con un pasado. Su historia se encuentra en los libros de 1 y 2 Samuel en el Antiguo Testamento. David cayó en la trampa del adulterio. Sé lo que están pensando. Muchas personas cometen esa equivocación. Pero David no era cualquiera. Su currículo impresionaría a cualquier persona. Y lo más importante aún es que la Biblia nos dice que David era una persona especial para Dios. Él amaba a Dios y realmente deseaba complacerlo. No se supone que esa clase de hombres cometan adulterio ya que son los suficientemente inteligentes y disciplinados como para evitar esas trampas tan comunes.

Estoy segura de que conocen la historia. David había enviado a sus soldados a la batalla mientras que él permanecía en casa. No era un buen plan. Un día, David observó a una hermosa mujer en la casa contigua que estaba tomando un baño. En un instante, toda su sabiduría y disciplina cayeron por tierra. Su deseo pecaminoso paralizó su amor por Dios, y David se acostó con Betsabé. Por si esto no fuera suficiente, envió luego al esposo de ella al frente de batalla, donde lo mataron. David y Betsabé comenzaron a vivir juntos. Tuvieron hijos y trataron de fingir que todo era maravilloso. Pero en su interior, David se estaba muriendo. El Salmo 32 nos dice que perdió peso. Gemía bajo la carga de su pecado. El dolor de su traición era su compañero constante. Estaba sufriendo. Estaba siempre cansado. Entonces Dios lo acusó y todos se enteraron de lo que David había hecho. Su vida comenzó a desintegrarse delante de sus propios ojos. La gente ya no confiaba más en él. Uno de sus hijos murió y otros dos estuvieron en graves problemas. Su propio hijo le dio la espalda, echándolo del trono para poder usurparlo. Al poco tiempo, su hijo fue asesinado.

David clamó a Dios. Ya no aguantaba más, así que se vio obligado a enfrentar la horrible realidad de su pecado. Entonces confesó sus errores a todos los que estaban involucrados. Dios lo perdonó a David. Le devolvió su salud y su trono. David perdió algunas cosas para siempre, pero hubo restauración en su vida. Y después de todo eso, Dios lo describe a David como un varón conforme a su corazón (véase 1 Samuel 13.14).

¿Por qué restauró Dios a David? Porque Dios se siente atraído por los quebrantados. A Dios le agrada usar gente vencida. El deseo del corazón de Dios no es condenar sino restaurar. David experimentó la gracia indulgente de Dios y descubrió cómo aprovechar su pasado para convertirlo en algo poderoso en su vida. La vida de David contiene seis verdades que nos enseñan cómo superar el pasado.

Primera verdad: Recordar las victorias

Con qué rapidez nos olvidamos de las cosas. Lo milagroso de Dios obrando en nuestra vida puede convertirse en algo común y corriente. Pareciera que las derrotas se devoran a las victorias. David se detuvo y rememoró las victorias de su pasado: Goliat cayendo a sus pies; la corona sobre su cabeza; las batallas ganadas. Al revivir aquellos momentos, la fidelidad y el amor indulgente de Dios se derramaron sobre él y dio gracias. En el Salmo 107.1-2, David escribe: «Den gracias al Señor, porque él es bueno; su gran amor perdura para siempre. Que lo digan los redimidos del Señor».

Tenemos que mantener diarios de nuestras victorias.

David evoca luego su vida. Recuerda las victorias, tanto grandes como pequeñas, y da gracias. Nos insta a unirnos a él en alabanza a Dios, para recordar todo lo que Dios ha hecho. En el Salmo 108.1, continúa proclamando: «Firme está, oh Dios, mi corazón; ¡voy a cantarte salmos, gloria mía!» Un corazón «firme» es un corazón decidido, centrado, inquebrantable. Es un corazón que ha revisado los libros y ha verificado la obra de Dios. Tenemos que mantener un diario de nuestras victorias. Tenemos que registrar los hitos espirituales de nuestra vida.

A mi familia le encanta ir de vacaciones a Carolina del Norte y nos agrada sobre todo caminar o, de vez en cuando, trepar una montaña de poca altura. En uno de esos viajes visitamos la Montaña Abuelo. Mi hijo Jered tenía nueve años y mi hija Danna, seis. La Montaña Abuelo tiene un puente colgante que se puede cruzar para tener una vista imponente, lo cual hicimos. Después de visitar la tienda de artículos para regalo, decidimos hacer una excursión por un sendero rápido. Al acercarnos al lugar donde comenzaba el sendero, percibí un gran letrero de advertencia a todos los caminantes. Estos debían asegurarse de tener el atuendo apropiado y gran cantidad de bocadillos, agua y equipo para la excursión. Cuando le mostré ese letrero a mi esposo, él me miró sorprendido y me dijo que no aplicaba a los Southerland. Tendría que haber sabido.

La primera hora fue un ascenso agradable y sencillo. Luego llegamos a una bifurcación en el sendero. Allí estábamos parados, pensando qué camino tomar, cuando se acercó un grupo de estudiantes universitarios, riéndose y obviamente divertidos. Les preguntamos qué camino deberíamos tomar, señalando que nuestros niños eran pequeños y no tenían el calzado adecuado, y que no teníamos ni una gota de agua ni un bocado de comida. Nos dijeron que el sendero que acababan de escalar sería perfecto para nosotros. (Si los pudiera encontrar hoy día, estarían en serios problemas.)

Allí partimos. Los primeros quince minutos fueron magníficos. Luego el sendero comenzó a ponerse más empinado y peligroso, serpenteando alrededor de marcados precipicios y rocas enormes. Los niños comenzaron a cansarse y a trastabillar, y yo comencé a preguntarme por qué me había casado alguna vez con ese hombre. En un punto, dimos vuelta una esquina y nos encontramos cara a cara con la roca lisa más grande que había visto en mi vida. Le dije a Dan que no podía seguir adelante. Me miró y me dijo: «Tienes que hacerlo. No puedes regresar. Este sendero es el único camino de salida, y nos lleva por encima de la montaña». Durante las siguientes dos horas, con los niños tomados de la mano, prestábamos atención a dónde colocaban sus pies para que no se cayeran. No era divertido. Por fin, llegamos a la última roca. Cuando la vi, sentí deseos de bailar. Tenía estacas de madera sujetas a la roca, creando una escalera. Alguien había pasado por allí antes que nosotros y había construido un camino para pasar por encima de la montaña.

Las victorias del ayer pueden ser las estacas en las montañas del hoy. Dios ha ido delante de nosotras y nos ha abierto el camino. Nos ha abierto paso por las montañas y los valles del ayer, y lo volverá a hacer hoy. Hebreos 13.8 promete que «Jesucristo es el mismo ayer y hoy y por los siglos». Recuerden las victorias.

Segunda verdad: Confrontar las derrotas

La voluntad de Dios no contempla derrotas. Dios no desperdicia ninguna de nuestras experiencias. Algunas son parte de su plan; otras son consecuencia de nuestras acciones; pero todas llevan su firma, filtradas a través de sus dedos de amor.

Un verano estábamos de vacaciones en Carolina del Norte... nuevamente. Los niños deseaban ir a extraer piedras preciosas. Es una experiencia deliciosa. Se paga una enorme suma de dinero y luego uno recibe una bandeja rústica de madera con una red de alambre como fondo. Uno se sienta frente a un abrevadero de madera lleno de agua enlodada color naranja. A medida que el agua corre por el abrevadero, uno sumerge la bandeja en el agua y mira como salpica los zapatos y la ropa. Cuando uno levanta la bandeja del abrevadero, encuentra rubíes y brillantes que pueden servir para fabricar anillos, brazaletes... lo que sea. Correcto. Según mi opinión, no es una experiencia agradable, pero mis niños siempre vuelven a casa contentos con las pepitas de gran valor que han encontrado.

De la misma manera, tenemos que tamizar las derrotas de nuestro pasado para encontrar las pepitas de verdad. Cada experiencia dolorosa contiene una. Ahora puedo observar la época que pasé en el pozo de mi depresión y ver muchos diamantes. Del carbón incandescente de las pruebas y dificultades emergen joyas: tesoros y verdades que sólo pueden lograrse a través del dolor. Uno de los propósitos de la oscuridad es purificarnos.

Dios no vino a eliminar la oscuridad. No vino a explicar esa oscuridad. Él vino a llenar la oscuridad con su presencia.

En Isaías 45.3, Dios promete: «Te daré los tesoros de las tinieblas, y las riquezas guardadas en lugares secretos, para que sepas que yo soy el Señor, el Dios de Israel, que te llama por tu nombre». Este versículo promete que Él ha ido delante de nosotras y en cada prueba, en cada circunstancia tenebrosa, ha enterrado un tesoro o almacenado un secreto que sólo podemos hallar después de atravesar esa prueba y experimentar esa oscuridad. Cada derrota contiene un tesoro.

Tenemos que filtrar cada derrota por Romanos 8.28 que nos dice que «Dios dispone todas las cosas para el bien de quienes lo aman, los que han sido llamados de acuerdo con su propósito». Si esta promesa es cierta, entonces tenemos que confrontar las derrotas de nuestro pasado, desarmarlas y forzarlas a que nos entreguen una semilla de victoria. Quizás nos parezca que una semilla diminuta no sea mucho, pero no desestimemos su poder.

Cuando Danna estaba en el jardín de infantes, vino a casa un día con una toalla de papel apretujada en su pequeña manito. Cuando le pregunté qué tenía allí, abrió cuidadosamente la toalla para revelar el mayor revoltijo de semillas rotas y desiguales que había visto en mi vida. «Danna, ¿qué vas a hacer con esas semillas?», le pregunté. Ella me miró con sus enormes ojos marrones y me dijo que iba a plantarlas. Pensé por un momento y le dije: «Querida, si esas semillas no crecen, compraremos nuevas». Por la mirada en sus ojos me di cuenta de que la había ofendido con mi falta de fe. Me respondió: «Mamá, ellas van a crecer. Yo oré para que así fuera». Luego tomó un pequeño vaso de papel de la alacena de la cocina y marchó fuera al cantero en el jardín de adelante, donde nada crecía porque el suelo era tan rocoso. Ella llenó el vaso con tierra y con gran determinación, introdujo las semillas profundamente en la tierra.

En ese punto, tenía que decir algo. La reputación de Dios estaba en juego. «Danna, vayamos a la tienda y compremos algunas semillas nuevas», le ofrecí. Ella no me miró y entró nuevamente en la casa, colocó el vaso bajo el grifo de la cocina, y dejó que corriera el agua con toda su fuerza. Había semillas y tierra por todas partes. «Señor, ¿estás prestando atención?», pregunté. Sin siquiera mirar en mi dirección, se marchó al porche de atrás de la casa y colocó el vaso en la repisa de la ventana, que está siempre a la sombra. «Necesitan sol para crecer», dijo con una mirada que me desafiaba a decirle algo. Se fue a su habitación, después de pronunciar el reto de «ya verás». Comencé a preparar mis palabras de consuelo para la desilusión que estaba segura de que vendría.

¿Saben qué fue lo que les ocurrió a esas semillas? En tres días, el vaso estaba inundado de brotes verdes. Nunca sobreestimen el poder de una pequeña semilla: ni la fe de una niña de cinco años decidida a todo.

Es posible que tengamos que entrar en acción para encontrar esa semilla de victoria. Quizás signifique que tengamos que confesar un pecado o remendar una relación rota. Quizás exista alguien a quien tengamos que pedir perdón o que tengamos que primero perdonarnos a nosotras mismas. Cuando tomamos ese paso en obediencia, la semilla será nuestra, y aun la semilla más pequeña puede producir una gran victoria.

David conocía esa verdad. Él había sufrido muchas derrotas, pero las enfrentó, las confesó y descubrió semillas de restauración. Otra oportunidad. Un nuevo comienzo. Recuerden que toda prueba, toda derrota, toda molécula de oscuridad envuelve por fuera a una poderosa semilla.

Tercera verdad: Aceptar las consecuencias

Las cosas que elegimos tienen resultados eternos. Nuestras acciones tienen consecuencias, y tenemos que aprender a aceptar esas consecuencias. Gálatas 6.7 nos hace una advertencia: «No se engañen: de Dios nadie se burla. Cada uno cosecha lo que siembra». Nosotras seguimos plantando limones a pesar de que esperamos que crezcan manzanas. Nuestras acciones tienen consecuencias, pero somos expertas en crear diferentes maneras de evitarlas. Tratamos de culpar a los demás. Racionalizamos y nos comparamos con otros que hayan realizado peores errores. Incluso tratamos de escribir nuevamente las reglas para que éstas acomoden a nuestro pecado. Números 32.23 dice que podemos estar seguras de que no «escaparemos» de nuestro pecado. ¿Por qué diría un Dios amoroso algo semejante? ¿Por qué tienen que existir consecuencias de nuestros pecados, si nosotras hemos sido perdonadas?

La primera razón es que es la ley. El pecado está siempre acompañado por consecuencias dolorosas porque las consecuencias desalientan poderosamente el pecado. David perdió un hijo, su trono y su salud debido a su pecado.

La segunda razón es que nuestro Padre está absolutamente comprometido a formar en nosotras el carácter de su Hijo. En otras palabras,

Dios está decidido a que seamos como Jesucristo. Esas consecuencias son expresiones del amor de Dios. «Ciertamente, ninguna disciplina, en el momento de recibirla, parece agradable, sino más bien penosa; sin embargo, después produce una cosecha de justicia y paz para quienes han sido entrenados por ella». Cuando estamos experimentando las consecuencias de nuestras acciones, estamos siendo entrenadas en justicia.

> ## La verdad no cambia. Nosotras debemos cambiar en respuesta a la verdad.

Quizás hayan escuchado hablar de Carol Everett, la mujer que abrió la primera clínica de abortos en Dallas, Texas. Ella tenía mucho dinero y éxito. Luego conoció a Cristo y supo que su vida tenía que cambiar. Se alejó de su dinero y su éxito, y le entregó su vida enteramente al Señor. Los siguientes meses estuvieron repletos de gran gozo así como de dolor increíble, ya que la vida que ella había luchado por construir comenzó a derrumbarse a sus pies. Carol tomó la difícil decisión financiera de vender su casa y acudió a una agente de bienes raíces que se llamaba Norma Southerland: mi suegra. Mamá es una excelente agente porque se preocupa mucho por sus clientes y está dispuesta a involucrarse en sus vidas.

Carol se convirtió en su cliente y amiga. Mamá observaba la manera en que Carol luchaba por construir su nueva vida y pasaba por muchos momentos difíciles. Durante esa época, Mamá y yo estábamos hablando sobre el dolor que estaba experimentando Carol. Ella no comprendía por qué Carol tenía que sufrir, ya que ella se había acercado a Cristo y había sido completamente perdonada. Me di cuenta de que éste era un ejemplo de tener que aceptar las consecuencias de nuestras acciones. En realidad, Carol era parcialmente responsable por la muerte de muchos bebés. Esas consecuencias no pueden ser disueltas. Pero hoy, Carol viaja mucho, compartiendo su historia del amor incondicional y el perdón de Dios. Dios ha bendecido su vida y ha cambiado a un sinfín de otras gracias a la buena voluntad de Carol de aceptar las consecuencias. Nosotras tenemos que hacer lo mismo.

Cuarta verdad: Aprender las lecciones

Existe una sola cosa más dolorosa que aprender de las experiencias: no aprender de ellas. Jesús es muy claro en Juan 14.23-24 cuando dice simplemente: «El que me ama, obedecerá mi palabra… El que no me ama, no obedece mis palabras». La verdad no cambia. Nosotras debemos cambiar en respuesta a la verdad. Una verdad aprendida es una verdad aplicada. Cuando no aprendemos de nuestros errores, estamos condenadas a caer en los mismos errores nuevamente. Es como escalar la misma montaña, una y otra vez y otra vez más.

Todos los años, llevamos alrededor de cien personas de nuestra iglesia a Ridgecrest, un centro de capacitación en Asheville, Carolina del Norte. Tenemos clases a la mañana y servicios de adoración a la noche. Pero las tardes son para jugar. Una de las actividades favoritas es flotar sobre cámaras de neumáticos. El primer año que fuimos, cargamos varias de las camionetas y nos dirigimos al lugar en el río donde daríamos comienzo a nuestra aventura. El camino serpenteaba a través de las montañas y del paisaje exuberante con pocos letreros o indicadores. Al poco tiempo nos dimos cuenta de que estábamos perdidos. Después de varias paradas y algunos desvíos, por fin encontramos el lugar. Saltamos de las camionetas, tomamos nuestras cámaras, y nos dirigimos al río, dejando atrás las frustraciones del viaje que acabábamos de soportar. Después de una tarde muy refrescante en las heladas aguas del río, regresamos a las camionetas para volver a casa. Alguien sugirió que anotáramos las direcciones. Buena idea. Pero eso es todo lo que fue… una buena idea. Cuando nos encontramos nuevamente perdidos al año siguiente, alguien anotó por fin las direcciones sobre un trozo de papel. El tercer año nos perdimos porque la persona que las había anotado se había olvidado de traerlas. Seguíamos dando vueltas y vueltas por la misma montaña, tomando los mismos caminos equivocados.

Podemos aprender algunas lecciones muy valiosas de los errores de nuestro pasado. Para evitar cometer las mismas equivocaciones, una y otra vez, tenemos que regresar y destruir los senderos que nos llevan en esa dirección equivocada. Algunos de esos senderos pueden ser antiguos patrones de conducta, ciertas amistades o costumbres destructivas. Si un sendero nos lleva al pecado, si hace que nos resulte más fácil pecar, o si nos incentiva a pecar: tenemos que correr de allí. No deseamos andar por ese camino de devastación nuevamente. Ya hemos estado allí antes, y ya lo conocemos bien.

David clamó a Dios. Luego arregló las cosas con todos aquellos que habían estado involucrados en ellos. En otras palabras: aprendió su lección.

Quinta verdad: Perdonar las ofensas

El aferrarnos a las ofensas del pasado es como jugar con cerillas. Nos vamos a quemar. Cuando enfrentamos el pasado, perdonar es un elemento vital. Tenemos que comprender que el perdón es un don gratuito. No podemos ganarlo ni jamás seremos lo suficientemente buenas como para merecerlo. Pero, para poder superar nuestro pasado, tiene que estar en orden.

No podemos perdonar hasta no haber sido primero perdonadas. El Salmo 103.10-12 nos recuerda con amor el precioso perdón de Dios. «No nos trata conforme a nuestros pecados ni nos paga según nuestras maldades. Tan grande es su amor por los que le temen como alto es el cielo sobre la tierra. Tan lejos de nosotros echó nuestras transgresiones como lejos del oriente está el occidente». Cuando reconocemos que hemos sido perdonadas, podemos comenzar a perdonar.

Tenemos que perdonarnos a nosotras mismas antes de poder perdonar a los demás. Si nos rehusamos a perdonarnos a nosotras mismas, estamos diciendo que el pago de Dios por nuestro pecado no fue suficiente. Pero la Biblia nos garantiza que «si confesamos nuestros pecados, Dios, que es fiel y justo, nos los perdonará y nos limpiará de toda maldad» (1 Juan 1.9). Si Dios nos perdona, entonces tenemos que perdonarnos a nosotras mismas.

Perdonar a quienes nos hayan lastimado es probablemente uno de los mayores estorbos para poder superar nuestro pasado y una de las razones más importantes por las que caemos en el pozo de la depresión. El dolor se acumula en nuestra vida como agua estancada, creando oscuridad y muerte. Hasta que no liberemos el dolor y perdonemos, no podremos ser libres de nuestro pasado. Colosenses 3.13 nos instruye: «[Vístanse de afecto entrañable y de bondad, humildad, amabilidad y paciencia], de modo que se toleren unos a otros y se perdonen si alguno tiene queja contra otro. Así como el Señor los perdonó, perdonen también ustedes». Este pasaje es muy claro. Cuando Dios deje de perdonarnos, podremos dejar de perdonar a los demás.

A medida que seamos perdonadas y perdonemos, nos sanaremos. Las heridas se convertirán en cicatrices. Las cicatricen son un indicio de restablecimiento. El perdón es el hilo de la cirugía espiritual. Después de que David experimentó perdón, experimentó también restauración. Tenemos que reconocer que somos perdonadas. Si deseamos superar nuestro pasado, nos tenemos que perdonar a nosotras mismas y a los demás. En el capítulo siguiente, hablaremos más sobre el perdón.

Sexta verdad: Dejemos las cosas como están y sigamos nuestro camino

Es verdad que tenemos que lidiar con nuestro pasado, pero no podemos volver hacia atrás y simplemente «arreglarlo». Llega un momento en que tenemos que olvidarnos de quiénes éramos y concentrarnos en lo que podemos ser. Llega un momento en que tenemos que dejar las cosas atrás y seguir nuestro camino.

Los nativos del África tienen un plan ingenioso para atrapar monos. Vacían cáscaras de coco y las rellenan con granos de cacao. Los monos aman los granos de cacao. Los nativos atan las cáscaras al tronco de un árbol y las dejan allí durante toda la noche. A la mañana siguiente, regresan y rodean a todos los monos. Lo que ocurre es que vienen los monos, huelen los granos de cacao e introducen la mano en una de las cáscaras para agarrar el delicioso manjar. Con sus dedos, rodean los granos de cacao y tratan luego de sacar el puño. Pero como el agujero es mucho más pequeño que la mano cerrada, los monos no la pueden quitar sin soltar antes los granos de cacao. Están atrapados. Si largan lo que tienen sujeto en la mano, pueden escaparse, pero se niegan a soltarlo.

¿Qué es lo que nos tiene atrapadas a nuestro pasado manteniéndonos prisioneras, quitándonos el gozo? David dejó atrás su pasado y regresó a su Padre. Él recordó las victorias, confrontó sus derrotas, aceptó las consecuencias, aprendió las lecciones y perdonó las ofensas. Y Dios dijo que David era «un varón conforme a su corazón». ¡Ah! Si David pudo dejar atrás su pasado, nosotras podremos también hacerlo.

4
Cómo Descubrir el Poder del Perdón

En España se cuenta la historia de un padre y su hijo adolescente, cuya relación se había puesto muy tensa. La lista de ofensas era tan larga y tan profunda que el hijo se escapó de la casa. El padre comenzó a buscarlo.

Después de meses de fracaso, el padre realizó un último esfuerzo desesperado. Colocó un aviso en uno de los periódicos más importantes de Madrid, con la esperanza de atrapar la atención de su hijo. «Querido Paco, reúnete conmigo frente a las oficinas del periódico al mediodía. Todo está perdonado. Te quiero mucho. Tu padre». Al día siguiente, al mediodía, en frente de las oficinas del periódico, se presentaron 800 Pacos, cada uno buscando el perdón de su padre.

Todos necesitamos perdón. Todos tenemos que aprender a perdonar. El perdón es un arma poderosa de defensa contra los enemigos de la oscuridad y la depresión. Sin embargo, muchas veces acumulamos ofensas y las almacenamos en los rincones ocultos de nuestra vida, pensando que al esconderlas les quitamos su poder. Uno de los lugares favoritos de la depresión para crecer es el corazón que no perdona, ya que se alimenta de las heridas ocultas y dolores personales.

Mientras estaba sentada en la oscuridad, comencé a darme cuenta de que mi corazón estaba cargado de furia. Ante mis ojos marchaba un desfi-

le de agonía que había permanecido cuidadosamente sepultado y sin resolver en mi corazón desde mi niñez. Con cada herida nueva resultaba
cada vez más difícil mantener esa furia contenida, hasta que finalmente
se derramó sobre mi vida, arrastrándome de la luz a la fosa oscura donde
estaba ahora sentada. Me di cuenta de que tenía que enfrentarme a cada
uno de esos horribles recuerdos... sentir cada dolor... revivir cada ofensa... lidiar con ellos... y enterrarlos en el océano del perdón.

     ¿Cómo aprendemos a practicar el verdadero perdón? Jesús respon-
de a esta pregunta mediante una parábola, una historia terrenal con un
significado celestial.

> Pedro se acercó a Jesús y le preguntó: —Señor, ¿cuántas
> veces tengo que perdonar a mi hermano que peca contra
> mí? ¿Hasta siete veces?
>
> —No te digo que hasta siete veces, sino hasta setenta y siete
> veces —le contestó Jesús—.
>
> «Por eso el reino de los cielos se parece a un rey que quiso
> ajustar cuentas con sus siervos. Al comenzar a hacerlo, se
> le presentó uno que le debía miles y miles de monedas de
> oro. Como él no tenía con qué pagar, el señor mandó que lo
> vendieran a él, a su esposa y a sus hijos, y todo lo que tenía,
> para así saldar la deuda. El siervo se postró delante de él.
> 'Tenga paciencia conmigo —le rogó—, y se lo pagaré todo.'
> El señor se compadeció de su siervo, le perdonó la deuda y
> lo dejó en libertad.
>
> «Al salir, aquel siervo se encontró con uno de sus
> compañeros que le debía cien monedas de plata. Lo agarró
> por el cuello y comenzó a estrangularlo. '¡Págame lo que
> me debes! Su compañero se postró delante de él. 'Ten
> paciencia conmigo —le rogó—, y te lo pagaré.' Pero él se
> negó. Más bien fue y lo hizo meter en la cárcel hasta que
> pagara la deuda.

«Cuando los demás siervos vieron lo ocurrido, se entristecieron mucho y fueron a contarle a su señor todo lo que había sucedido. Entonces el señor mandó llamar al siervo. '¡Siervo malvado! —le increpó—. Te perdoné toda aquella deuda porque me lo suplicaste. ¿No debías tú también haberte compadecido de tu compañero, así como yo me compadecí de ti?' Y enojado, su señor lo entregó a los carceleros para que lo torturaran hasta que pagara todo lo que debía.

«Así también mi Padre celestial los tratará a ustedes, a menos que cada uno perdone de corazón a su hermano» (Mateo 18.21-35).

En esta parábola, encontramos cinco pasos que nos permitirán experimentar el poder del perdón y proteger nuestros corazones de la depresión.

> Hasta que no hayamos sido realmente perdonadas,
> no podemos verdaderamente perdonar.

Primer paso: Experimentar perdón verdadero

«El señor se compadeció de su siervo» (Mateo 18.27). El señor era un hombre con una gran compasión y empatía. Creo que la razón por la cual sintió lástima de su siervo fue porque él había experimentado perdón en su propia vida y aprendido el poder del dolor compartido. Él era un rey. Era exitoso. El éxito siempre se construye sobre el fracaso. El éxito va siempre acompañado de errores e involucra a menudo dolor y rechazo. Este rey había realizado por cierto errores y había visto su porción de fracasos. Estoy segura de que también había sufrido agravios. Pero obviamente había sido perdonado y había aprendido a perdonar, porque en vez de responder a su siervo con ira, respondió con compasión.

Hasta que no hayamos sido realmente perdonadas, no podemos verdaderamente perdonar. «Más bien, sean bondadosos y compasivos unos con otros, y perdónense mutuamente, así como Dios los perdonó a ustedes en Cristo» (Efesios 4.32).

El perdón nació sobre una cruz, donde un Hombre perfecto murió en el lugar de los imperfectos. Allí, en el Calvario, Jesús depositó su dolor y sus penas, y a pesar de un rechazo absoluto, Él amó y perdonó. A partir de ese perdón, Él nos dio la libertad que necesitamos para perdonarnos a nosotros mismos y los demás. En Efesios 1.7, encontramos noticias que nos cambian la vida: «En él tenemos la redención mediante su sangre, el perdón de nuestros pecados, conforme a las riquezas de la gracia». Lo que más necesitamos en la vida es el perdón. Dios cubrió esa necesidad. «Porque tanto amó Dios al mundo, que dio a su Hijo unigénito, para que todo el que cree en él no se pierda, sino que tenga vida eterna» (Juan 3.16).

Un pequeño niño fue a visitar el Monumento a Washington en Washington, D.C. Cuando llegó, señaló con el dedo el monumento y le anunció al guardia de turno: «Deseo comprarlo». El guardia le preguntó: «¿Cuánto dinero tienes?»

El niño metió la mano en su bolsillo y extrajo un cuarto de dólar. El guardia le dijo: «Eso no es suficiente». El pequeño le respondió: «Pensé que diría eso», y sacó otros nueve centavos más. El guardia miró al niño y le dijo: «Tienes que comprender tres cosas. Primero, que treinta y cuatro centavos no son suficientes. Segundo, que el Monumento a Washington no ha estado nunca en venta ni jamás lo estará. Tercero, que si tú eres un ciudadano de los Estados Unidos, entonces el Monumento a Washington ya te pertenece».

Tenemos que entender tres cosas sobre el perdón. Primero, que nunca podremos ser lo suficientemente buenas o hacer lo suficiente como para comprarlo. Segundo, que el perdón no está en venta ni lo podemos ganar. Tercero, si tenemos una relación personal con Jesucristo, entonces todo el perdón que jamás necesitemos ya nos pertenece. Pero tenemos que elegir experimentar ese perdón aceptándolo como un don gratuito de Dios. Para descubrir el poder del perdón, tenemos que primero experimentar el verdadero perdón en nuestra vida.

Segundo paso: Estar dispuestas a tomar la iniciativa

Se cuenta la historia de un hermano y una hermana que tuvieron una discusión muy acalorada. Sus padres les dijeron que tenían que aclarar las cosas entre ellos y perdonarse el uno al otro, pero ninguno de los dos aflojaba. Se fueron temprano a la cama, todavía furiosos. A las 2 de la madrugada, una tormenta eléctrica asoló todo el vecindario. Cuando la madre fue a ver cómo estaban, ninguno de los dos estaba en su cama. En medio de la oscuridad, ella los llamó: «¿Dónde están?» Una vocecita muy asustada le respondió: «Estamos dentro del armario pidiéndonos perdón».

Una crisis o una tormenta pueden llevarnos a resolver un conflicto y decidirnos a perdonar. Muchas veces nos negamos a perdonar debido a nuestro orgullo. Nos han lastimado. Nos han ofendido. Nuestros derechos han sido violados. Esperamos que la otra persona tome el primer paso.

> Dios toma muy en serio el perdón.

Noten como Pedro formuló su pregunta al Señor sobre el perdón. «Señor, ¿cuántas veces tengo que perdonar a mi hermano que peca contra mí?» (Mateo 18.21). Qué arrogancia. Pedro estaba mucho más preocupado con el daño que le habían hecho que con la posibilidad de dañar a otra persona.

El rey en el relato de Jesús tenía muchas razones por las cuales no perdonar al siervo. El impuesto en Palestina era alrededor de ochocientos talentos por año. El siervo tenía una enorme deuda de diez mil talentos. En la economía actual, ¡es muchísimo dinero! Sin embargo, «el señor se compadeció de su siervo, le perdonó la deuda y lo dejó en libertad» (Mateo 18.27).

Tenemos que ser como ese rey, dispuestas a tomar el primer paso en el proceso del perdón. Jesús lo era. Romanos 5.8 nos dice que «Dios demuestra su amor por nosotros en esto: en que cuando todavía éramos pecadores, Cristo murió por nosotros». Él no esperó a que nos compusiéramos. No esperó a que hiciéramos las cosas bien. Ni siquiera esperó que le pidiéramos perdón o supiéramos que necesitábamos ser perdonados. Jesús descendió del cielo a la cruz, comprando verdadero perdón para nosotros. Él murió por gente como este siervo: personas que no merecen perdón; personas que se niegan a pedir perdón; personas que ignoran sus propias faltas; personas que enjuician a los demás; personas que insisten en que los demás tomen el primer paso. El rey comprendió la importancia de mantener al día su cuenta de indultos. Comprendió el poder que aporta a nuestra vida el vivir en una «actitud de perdón».

«Por lo tanto, si estás presentando tu ofrenda en el altar y allí recuerdas que tu hermano tiene algo contra ti, deja tu ofrenda allí delante del altar. Ve primero y reconcíliate con tu hermano; luego vuelve y presenta tu ofrenda» (Mateo 5.23). Dios toma muy en serio el perdón. Desea que comprendamos que no importa lo que hagamos. Si no hemos perdonado a alguien, si sabemos que alguien no nos ha perdonado, tenemos que dejar todo de lado, dejar nuestra vida en suspenso y arreglar el asunto. En este versículo, Dios da a entender que nuestro servicio no es aceptable y que todas nuestras mejores ofrendas y esfuerzos carecen absolutamente de valor si provienen de un corazón que no perdona.

Si deseamos experimentar el poder del perdón, tenemos que estar dispuestas a clavar nuestro orgullo en la cruz y tomar la iniciativa.

Tercer paso: Cancelar la deuda

Cuando perdonamos, escogemos cancelar la deuda, quitándola del medio como si nunca hubiera existido. Es la idea de que el perdón es una opción que nos lleva a una acción deliberada y luego a una actitud. El siervo no pidió perdón porque lamentara la deuda. Él lamentaba que lo hubieran pescado. No se merecía perdón alguno. Ninguno de nosotros lo merecemos. Él no tenía ninguna intención de pagar su deuda al rey, y el rey lo sabía. En la economía de esa época, el siervo tendría que haber trabajado veinte años para poder ganar el dinero que debía. Dicho en otras palabras, su caso no tenía solución... excepto una. El rey era un hombre misericordioso... un hombre que había experimentado el poder del perdón. El rey asumió la pérdida. Escogió perdonar y cancelar la deuda.

Me encanta la historia de la pequeña niña que estaba sentada en el regazo de Papá Noel, dándole una lista de juguetes muy costosos que deseaba para la Navidad. Cuando completó su lista, sin siquiera una palabra de agradecimiento, saltó del regazo de Papá Noel y corrió hacia su madre avergonzada, que estaba parada en el medio de la multitud. «Cariño, ¿no te has olvidado de algo», le preguntó la mamá. La pequeña niña pensó por un momento y luego dijo: «Ah, sí». Girando, le gritó a Papá Noel: «¡Ponlo todo a nuestra cuenta!»

Dios ya ha «puesto» nuestros pecados en la cuenta de su Hijo, quien ha pagado el precio total de nuestro perdón. Él ha cancelado nuestra deuda eterna. Para experimentar el poder del perdón en nuestra vida, tenemos que elegir cancelar las deudas de aquellos que nos hayan lastimado... perdonar así como hemos sido perdonadas.

> Antes de recibir esa circuncisión, ustedes estaban muertos en sus pecados. Sin embargo, Dios nos dio vida en unión con Cristo, al perdonarnos todos los pecados y anular la deuda que teníamos pendiente por los requisitos de la ley. Él anuló esa deuda que nos era adversa, clavándola en la cruz (Colosenses 2.13-14).

Cuarto paso: Soltar el dolor

El rey no sólo perdonó la deuda, sino que permitió que el deudor quedara en libertad, exactamente de la misma manera que lo hace Jesús. Ese es el verdadero perdón.

Miqueas 7.18-19 describe el perdón de Dios:

> ¿Qué Dios hay como tú, que perdone la maldad y pase por alto el delito del remanente de su pueblo? No siempre estarás airado, porque tu mayor placer es amar. Vuelve a compadecerte de nosotros. Pon tu pie sobre nuestras maldades y arroja al fondo del mar todos nuestros pecados.

Un pequeño niño y su madre habían ido de compras a la galería. El niño se había portado mal, había lloriqueado, deseando todo lo que veía y alejándose corriendo de su mamá.

Cuando iban de regreso a casa, el niño se dio cuenta de que su mamá estaba muy enojada. La miró y le dijo: «Cuando nos portamos mal y le pedimos a Dios que nos perdone, Él lo hace, ¿verdad?» Su mamá lo miró y le respondió: «Sí, así es». «Y cuando Él nos perdona sepulta nuestros pecados en el fondo del mar, ¿verdad?» La mamá le contestó: «Sí, eso es lo que enseña la Biblia». El pequeño niño permaneció sentado en silencio, y luego dijo: «Le he pedido a Dios que me perdone. Pero apuesto a que cuando llegue a casa, tú vas a ir a pescar esos pecados, ¿no es verdad?»

Parte del verdadero perdón es dejar ir las heridas, soltar el dolor. Cuando no lo hacemos, éste se convierte en una fuga constante tanto espiritual como emocional, robándonos el gozo, la paz… incluso la luz. Para experimentar el poder del perdón, tenemos que dejar de pescar en las aguas emocionales de nuestro pasado.

Me encanta la goma de pegar instantánea y la uso para todo. No hace mucho tiempo, estaba tratando de componer un juego de té en miniatura que nuestro perro, Scruffy, había roto. Busqué mi goma de pegar de confianza y me puse a trabajar. Pegué el plato roto y lo mantuve en su lugar durante treinta segundos. Luego me di cuenta de que había pegado mi dedo al plato. Después de luchar durante varios dolorosos minutos para liberar mi dedo, lo logré. La experiencia me hizo pensar en el perdón. Cuando nos negamos a liberar a las personas del dolor que nos han causado, las estamos pegando a sus errores. Cuando nos aferramos al dolor que nos han causado, nos negamos a verlas como algo más importante que lo que nos han hecho.

El Salmo 103.12 nos recuerda que «tan lejos de nosotros echó nuestras transgresiones como lejos del oriente está el occidente». Cuando aceptamos el perdón de Dios, Él nos separa de nuestros pecados. Luego nos llama a que hagamos lo mismo con las personas que sean parte de nuestra vida. En ninguna parte dice Dios que tengamos que sentir el deseo de perdonar. Simplemente nos ordena perdonar. Nuestros sentimientos no tienen importancia. Lo que importa es nuestra obediencia.

El perdón es un hecho independiente entre Dios y nosotras. Está completamente separado de la respuesta o reacción de la persona que estemos perdonando. No somos responsables por su reacción; esa responsabilidad le pertenece a ellos y a Dios. Nuestra responsabilidad es perdonar. Cuando nos negamos a perdonar, no sólo nos lastimamos a nosotras mismas, sino que nos convertimos en un estorbo al obrar de Dios en nuestra vida. «Más bien debieran perdonarlo y consolarlo para que no sea consumido por la excesiva tristeza» (2 Corintios 2.7).

Toda vez que impidamos la obra de Dios nos situamos en una postura peligrosa. Ha llegado el momento de dejar ir el dolor. Ha llegado el momento de perdonar.

Quinto paso: Hacer que el perdón se convierta en una costumbre

Me imagino que Pedro se debe haber sentido bien cuando mostró la buena voluntad de perdonar «hasta siete veces» (Mateo 18.21). La enseñanza tradicional de los rabinos era que una persona ofendida tenía que perdonar a un hermano sólo tres veces. La respuesta de Jesús debe haberlo sorprendido mucho.

¿Setenta veces siete? Cuatrocientas noventa veces. ¿Cómo podría alguien siquiera registrar tantas ofensas? Exactamente. Ése era el punto que Jesús estaba tratando de demostrar. No se supone que registremos las ofensas recibidas. «[El amor] no guarda rencor» (1 Corintios 13.5).

Así como no hay límites a su perdón, tampoco debería haber límites al nuestro. El perdón tendría que ser otorgado en la misma medida en que sea recibido. Al primer siervo se le había perdonado todo. Él tendría que haber estado dispuesto a perdonar de la misma manera. Pero como se negó a perdonar como él había sido perdonado, lo metieron en la cárcel. Cuando nos negamos a perdonar, nos encontramos detrás de barrotes emocionales, atrapadas en una fosa profunda y oscura de ira reprimida y doloroso caos. El corazón que no perdona se convierte siempre en un corazón amargo, aprisionándonos en su propia amargura. Entonces la persona que no estemos dispuestas a perdonar se convertirá en nuestro carcelero. Como el rey, tenemos que vivir dispuestas a perdonar, decididas a tener buenas relaciones con los demás, buscando la paz con todos.

Juan 13.35 nos recuerda la importancia de las relaciones correctas. «De este modo todos sabrán que son mis discípulos, si se aman los unos a los otros». Nuestras relaciones tendrían que ser ejemplos vivientes del amor y el perdón de Dios. Nunca nos parecemos más a Dios que cuando practicamos el perdón.

Yo me crié en un pequeño pueblo de Texas. El médico de mi familia era nuestro amigo. Yo le cuidaba los niños. Mi madre era enfermera y trabajaba para él. Él se ocupaba de nuestras necesidades médicas, y muchas veces no cobraba nada por sus servicios. Él era mi amigo, un hombre a quien respetaba, y un hombre en quien confiaba; hasta el día en que me abusó físicamente.

Cuando decidí abordar esta ofensa consideré varias opciones. Asesinarlo se cruzó por mi mente. Torturarlo me parecía algo razonable. Descuartizarlo fue algo que realmente consideré. Pero ninguna de estas opciones parecía ser la correcta.

Podía elegir aferrarme a mi enojo y amargura, convirtiéndolo a él en mi carcelero, entregándole un cierto poder y control sobre mí, o podía escoger perdonarlo y ponerme a mí misma en libertad. Pero yo sola no podía perdonarlo. De modo que le pedí a Dios que me ayudara. Y Él me enseñó una verdad que cambió para siempre mi vida.

Colosenses 3.13 lo dice de esta manera: «Sean tolerantes los unos con los otros, y si alguien tiene alguna queja contra otro, perdónense, así como el Señor los ha perdonado a ustedes».

Si elegimos perdonar, Dios va a proporcionarnos el perdón.

Tenemos que lograr que el perdón sea una costumbre en nuestra vida.

5
Cómo Experimentar el Poder del Pensamiento Correcto

En cierta ocasión, Will Rogers dijo: «Lo que necesita el país son uñas más sucias y mentes más limpias». ¡Qué gran verdad! Sin embargo, una de los peligros de la depresión es que genera pensamientos equivocados. Patrones de pensamientos irracionales, fantasías angustiantes y la consideración de la destrucción y la muerte crecen en abundancia en el pozo. A la luz, esos pensamientos parecen absurdos e inofensivos, pero el manto de oscuridad del pozo oculta su peligro. La realidad es que si pensamos de manera equivocada, viviremos de la misma manera. Lo opuesto es también verdad. Si deseamos vivir de manera correcta, tenemos que pensar de esa manera. Los pensamientos correctos producen una vida correcta.

Hay una famosa escena en Peter Pan. Peter está en el dormitorio de los niños. Ellos lo han visto volar y desean poder hacerlo también. Lo han probado desde el piso. Lo han probado desde la cama. El resultado es el fracaso. Por fin, John pregunta: «¿Cómo lo haces?» Peter le responde: «Piensa en algo agradable y maravilloso y esos pensamientos te elevarán por el aire».

En un cierto sentido, lo mismo ocurre con los creyentes. Si cambiamos nuestra manera de pensar, podemos cambiar nuestra vida. Mientras estaba sentada en el pozo de depresión, comencé a darme cuenta de lo destructivo y egoísta que era mi forma de pensar. Comencé a darme cuenta también de que ésta era la principal fuente de aprehensión y ansiedad en mi vida. Mis pensamientos se habían convertido en un círculo vicioso de condena propia e inseguridad. De algún modo, tenía que romper ese ciclo. Comencé a pedir a Dios dirección, pidiéndole que asumiera el control de mi vida, sabiendo que sólo Él podía lograr lo que yo estaba pidiendo. Los pasos que siguen a continuación han reprogramado literalmente mi forma de pensar y han transformado mi vida.

Primer paso: Reconocer el poder de nuestros pensamientos

El principal campo de batalla del cristiano es la mente. La mente es el jardín que se puede cultivar para producir la cosecha deseada. La mente es un taller donde se conciben las decisiones importantes de la vida y la eternidad. La mente es un arsenal donde se forjan las armas de nuestra victoria o nuestra derrota. La mente es un lugar donde se ganan o se pierden todas las batallas decisivas de nuestra vida.

El Proverbio 23.7 lo dice de la siguiente manera: «Porque cual es su pensamiento en su corazón, tal es él» (RVR60). En otras palabras, nos convertimos en las cosas en que pensamos. Mi esposo, Dan, fue pastor de jóvenes durante muchos años. Una noche estaba enseñando sobre este tema. Un joven que estaba sentado en la parte de atrás del salón, levantó la mano. Su rostro expresaba una gran preocupación. Él preguntó: «Dan, ¿quiere decir esto que me convertiré en una muchacha?»

Nuestros pensamientos son reales y poderosos, pero eso no es exactamente lo que quiere decir el versículo. Lo que significa es que lo que pensemos influirá en lo que nos convertiremos. Nuestras acciones, nuestras actitudes, nuestras costumbres nacen en la mente: en nuestros pensamientos. Por lo tanto, es lógico que podamos cambiar nuestra vida cambiando aquello en lo que pensemos. Isaías 26.3 nos da la promesa: «Tú guardarás en completa paz a aquel cuyo pensamiento en ti persevera; porque en ti ha confiado» (RVR60). La paz y el gozo involucran tanto el corazón como la mente. Cuando pensamos de manera equivocada, vivimos mal. El primer paso para alcanzar una manera de pensar correcta es reconocer el poder de nuestros pensamientos.

Segundo paso: Conocer las pautas de Dios para nuestra manera de pensar

A Filipenses 4.8 lo denomino el cubo de la basura de la mente. «Por último, hermanos, consideren bien todo lo verdadero, todo lo respetable, todo lo justo, todo lo puro, todo lo amable, todo lo digno de admiración, en fin, todo lo que sea excelente o merezca elogio». Es un sistema de purificación para nuestros pensamientos; una herramienta que podemos utilizar para examinar cada pensamiento y determinar si es digno de permanecer en la mente del hijo de Dios. En este versículo, Dios nos da cinco pautas para nuestros pensamientos.

> Tenemos que ponerle un arnés a nuestros pensamientos y obligarlos a permanecer en la verdad.

Primera pauta: Pensamientos verdaderos («*todo lo verdadero...*»)

Los pensamientos verdaderos son genuinos, auténticos y sinceros. De acuerdo con el diccionario, la palabra «sincero» proviene de dos palabras latinas que significan «sin cera».

Durante la época de Jesús, los artistas de los países del Medio Oriente creaban estatuillas muy costosas de una fina porcelana. Esas figuras eran tan frágiles que a menudo se quebraban cuando se las colocaba en el horno. Los comerciantes deshonestos compraban las estatuillas resquebrajadas a un precio mucho menor. Luego rellenaban las hendeduras con cera antes de venderlas al público. Los mercaderes honestos sólo exhibían las figuras que no tenían ninguna grieta y colocaban letreros que decían: sine cera, lo cual significaba «sin cera».

Tenemos que capacitar a nuestra mente para que sólo piense en aquello que sea sincero y verdadero. Tenemos que ponerle un arnés a nuestros pensamientos y obligarlos a permanecer en la verdad. Nosotras escogemos lo que ocupa nuestra mente. Si nuestra mente no está llena de lo bueno, el enemigo la va a llenar con lo malo. Satanás es un mentiroso y utiliza mentiras como su arma principal.

«El [diablo] ha sido homicida desde el principio, y no ha permanecido en la verdad, porque no hay verdad en él. Cuando habla mentira, de suyo habla; porque es mentiroso, y padre de mentira» (Juan 8.44).

El diablo desea controlar nuestra mente mediante mentiras porque cuando creemos la verdad, el Espíritu Santo asume el control. Cuando alimentamos nuestros pensamientos con una dieta constante de verdad, estamos invitando al Espíritu Santo a que obre. Cuando creemos una mentira, Satanás se introduce en nuestra mente. Coloca sus horribles garras (nunca las he visto, pero me imagino que son horribles y velludas) en las paredes de nuestra mente y se lanza a nuestra vida, causando estragos y una destrucción infernal.

Nos dirá mentiras sobre:

- nuestro aspecto
- nuestras relaciones
- nuestro valor
- nuestros miedos
- nuestros sueños
- nuestra identidad
- nuestro Dios

Orel Hershiser, un magnífico lanzador de las grandes ligas que jugó muchos años para los Dodgers, describe un encuentro con su administrador, Tommy Lasorda, que cambió su vida. Lasorda lo llamó a su oficina y le gritó: «Tú no crees en ti mismo. Tú tienes miedo de lanzar en las grandes ligas. ¿Quién crees que son esos bateadores? ¿Babe Ruth? Él está muerto. Tú tienes lo que se necesita. Si no lo tuvieras, yo no te habría contratado. He visto hombres que vienen y van, y tú hijo, tú tienes lo que se necesita. Sé agresivo. Sé como un perro bulldog allí fuera. Ése será tu nuevo nombre: Bulldog. Con ese nombre, tú atemorizarás a muerte a los bateadores. Comenzando hoy mismo, quiero que creas que tú eres el mejor lanzador de béisbol. Mira a ese bateador y di: 'No hay forma que puedas batearme'». Dos días después, Orel lanzó, y en tres turnos de lanzamiento cedió una sola carrera. La charla de Lasorda había funcionado. Él la denomina su «sermón en el montículo».

Tenemos que rechazar las mentiras y llenar nuestra mente con verdad. La única fuente de verdad absoluta es la palabra de Dios. A medida que la digerimos, a medida que la incorporemos a nuestra vida y saturemos nuestros pensamientos con ella, podremos discernir entre lo que es verdad y lo que es mentira.

Primera Corintios 2.16 nos recuerda que tenemos la mente de Cristo. El momento en que nos acercamos a Cristo en una relación personal, Él comienza a renovar nuestra mente y sustituir nuestra antigua manera de pensar por una nueva. Nuestra mente se condiciona a tener ansias de la verdad y a buscarla. Cuando encontramos la verdad, el Espíritu Santo nos permite comprenderla. ¿Cómo podemos llenar nuestra mente con verdad? Es muy simple… llenándola con las Escrituras. Aquí se encuentra un sencillo plan para conectar la verdad de Dios a nuestra vida:

- escoger un pasaje de las Escrituras
- escribirlo
- decirlo en voz alta
- memorizarlo
- meditarlo
- compartirlo

Estos son algunos de mis versículos favoritos:

Nos vemos atribulados en todo, pero no abatidos; perplejos, pero no desesperados; perseguidos, pero no abandonados; derribados, pero no destruidos (2 Corintios 4.8-9).

El Señor es mi luz y mi salvación; ¿a quién temeré? El Señor es el baluarte de mi vida; ¿quién podrá amedrentarme? (Salmo 27.1).

> Confía en el Señor de todo corazón, y no en tu propia
> inteligencia. Reconócelo en todos tus caminos, y él allanará
> tus sendas (Proverbio 3.5-6).

¡Qué increíble poder para cambiar nuestra vida encontramos en la Palabra de Dios!

Un turista estaba viajando por Alaska durante la construcción del oleoducto. En sus viajes, se cruzó con un letrero vial que decía: «Tenga cuidado con el camino que elija. Tendrá que permanecer en él durante las próximas 200 millas».

Todas sabemos cómo permanecer anquilosadas en un mar de preocupaciones. Permitimos que pensamientos negativos tracen un surco en nuestra mente y obtengan así acceso a nuestra vida. Pero cuando llenamos nuestra mente con las Escrituras, llenamos esos viejos surcos con paz y creamos surcos nuevos: nuevas maneras de pensar; maneras de pensar que sean correctas. Entonces estaremos pensando los pensamientos de Dios. Y cuando comenzamos a pensar los pensamientos de Dios, nuestros pensamientos se convierten en algo cierto.

Segunda pauta: Pensamientos honorable («*todo lo respetable… todo lo digno de admiración…*»)

La palabra «respetable» se utiliza sólo unas pocas veces en el Nuevo Testamento. En cada una de esas ocasiones está vinculada al autocontrol, en especial, al control de la lengua, y nos insta a pronunciar palabras de honor y respeto.

Las palabras «digno de admiración» son similares a respetable y acarrean la idea de que nuestros pensamientos tendrían que ser dignos de pronunciarse. Dicho en otras palabras, si pensamos de manera correcta, hablaremos de igual manera. Las estadísticas demuestran que la persona promedio se pasa una quinta parte de su vida hablando. (Para nosotras las mujeres, quizás el porcentaje sea un poquito más alto.) Si pusiéramos todas nuestras palabras por impreso, el resultado sería el siguiente: las palabras de un solo día llenarían un libro de 50 páginas;

en un año, las palabras de la persona promedio llenarían 90 libros de 200 páginas cada uno. ¿Qué clase de libro escribieron hoy? ¿Fue honorable? ¿Fue un libro de estímulo o condena, amor u odio, paz o enojo? El Proverbio 16.24 nos recuerda que «panal de miel son las palabras amables: endulzan la vida y dan salud al cuerpo». Santiago nos dice esto sobre la manera en que hablamos: «Todos fallamos mucho. Si alguien nunca falla en lo que dice, es una persona perfecta, capaz también de controlar todo su cuerpo» (Santiago 3.2).

Existe un mito antiguo sobre un dios de los mares conocido como Proteo que tenía un poder inusual. Podía tomar diferentes formas y apariencias. Podía convertirse en un árbol o una piedra, un león o una paloma, una serpiente o un cordero, y no tenía dificultades en cambiar de una forma a otra. Proteo me hace acordar a la lengua de los seres humanos. Puede bendecir o maldecir. Puede expresar alabanza o susurrar injurias. Puede pronunciar palabras de estímulo o convertirse en un instrumento de destrucción. El control de la lengua comienza en la mente. El control de nuestra lengua es una manera de pensar controlada... una manera de pensar digna de admiración... una manera de pensar respetable... una manera de pensar adecuada para los hijos del Rey. Si nuestros pensamientos son honorables, nuestras palabras también lo serán.

Tercera pauta: Pensamientos justos («todo lo justo...»)

Los pensamientos justos se adaptan a las pautas de Dios y son el resultado de la justicia de Dios obrando en nuestra mente. Nuestro mundo se especializa en los términos medios, huyendo de los valores absolutos que sean bien claros, tratando de racionalizar lo que sin duda es la verdad innata. La manera de pensar correcta no es ni gris ni dudosa. No recorre los límites espirituales, sino que se conforma a las pautas de Dios. Tenemos que decidir quién o qué va a controlar nuestra manera de pensar. Si no escogemos, nos convertiremos en lo que Santiago 1.8 describe como «indeciso e inconstante en todo lo que hace». Una manera posible de traducirlo sería la siguiente: «No pueden decidirse. Van para atrás y para delante en todo lo que hacen». E. Stanley Jones afirma que «si no tomamos una decisión, nuestra mente indecisa nos destruirá».

Cuando un inmigrante viene a los Estados Unidos, antes de poder convertirse en ciudadano tiene que renunciar a todos los compromisos y alianzas a su patria anterior y prometer una lealtad absoluta a los Estados Unidos. Recién entonces le otorgará el gobierno de los Estados Unidos la ciudadanía. Algunas de nosotras hemos venido a Cristo. Somos ciudadanas de los cielos. Pero nuestra manera de pensar todavía apesta a infierno: nuestra patria anterior. Permitimos que nuestra mente vaya a la deriva. No asumimos el control de nuestra manera de pensar. Mentalmente, somos indisciplinadas.

El pensamiento indisciplinado siempre fluirá a nuestras mayores debilidades. La mente humana siempre va en pos de algo. Sólo tenemos que decidir qué es lo que seguirá. Una mente repleta de pensamientos equivocados se convierte en terreno fértil para las tentaciones de toda clase.

Una mujer estaba casada con un hombre muy avaro que nunca deseaba que ella gastara dinero. Un día le dijo al esposo que se iba a mirar vidrieras. Él le dijo: «Mira, pero no compres nada». Unas horas después, ella regresó a casa con un vestido nuevo. «¿Qué es esto?», le preguntó su marido. Ella le explicó: «Bueno, vi este vestido y pensé en probármelo para divertirme. Cuando lo hice, el diablo me dijo: «¡Qué bien te queda!». Su esposo dijo: «Correcto, entonces tú tendrías que haberle dicho: '¡Quítate de delante de mí, Satanás!'». «Fue lo que hice», le respondió su esposa. «Pero cuando se puso detrás de mí, me dijo: 'Cariño, desde aquí atrás luce aún mejor'».

Nos reímos de las tentaciones. Somos indiferentes al pecado. Pero tenemos que entender que el objetivo del enemigo es la destrucción total de nuestra vida. Santiago 1.14-15 dice: «Cada uno es tentado cuando sus propios malos deseos lo arrastran y seducen. Luego, cuando el deseo ha concebido, engendra el pecado; y el pecado, una vez que ha sido consumado, da a luz la muerte». Satanás desea que nos quedemos en el pozo. La oscuridad es su especialidad. Se deleita en mirarnos desde el borde del agujero, admirando su obra de arte. La mente es el frente de batalla en contra de él y la depresión. Muchas veces nuestros pensamientos son una invitación abierta a su presencia. Tenemos que renunciar a esas antiguas maneras de pensar. Tenemos que decidirnos a rechazar los malos pensamientos y perseguir activamente los pensamientos que sean los correctos.

Cuarta pauta: Pensamientos puros («*todo lo puro...*»)

Un pensamiento puro es inocente e incorrupto. La manera de pensar pura no ha sido contaminada por la inmoralidad moral. Es una palabra de adoración, la imagen de un sacrificio sin imperfecciones, defectos o debilidades. En otras palabras, nuestra manera de pensar tendría que ser un sacrificio aceptable a Dios y apto para que lo traigamos ante su presencia.

> La pureza de nuestros pensamientos
> determina la pureza de nuestra vida.

¿Han observado alguna vez cómo se forman los carámbanos de hielo? Unos pocos años atrás, disfrutamos unas vacaciones de invierno en Vermont, donde una fuerte tormenta de nieve había llegado antes que nosotros. Todo estaba cubierto con un suave manto de nieve. Los carámbanos colgaban como frágiles adornos de cristal de las ramas de los árboles y de los techos de las casas. Una mañana tranquila, estaba sentada frente al fuego crepitante, observando las hermosas tarjetas de Navidad que estaban sobre la chimenea.

Observé cómo la lluvia que caía suavemente se convertía poco a poco en largos filamentos de hielo. Los carámbanos se formaban una gota a la vez hasta que medían un pie o más de largo. Delante de mis ojos se desplegó un proceso muy interesante. Si el agua era limpia y pura, el carámbano era transparente y brillaba como un diamante finamente cortado al sol. Si el agua era sucia e impura, el carámbano lucía enlodado y su belleza estaba deteriorada.

Nuestra vida se forma un pensamiento a la vez, una actitud a la vez. La pureza de nuestros pensamientos determina la pureza de nuestra vida. En el Salmo 101.3, David nos da el siguiente desafío: «No me pondré como meta nada en que haya perversidad. Las acciones de gente desleal las aborrezco; no tendrán nada que ver conmigo». Estas pautas tienen que ser la meta de nuestra manera de pensar. Para mantener este compromiso, el control de nuestros pensamientos exige que filtremos todas las influencias externas y que verifiquemos su contenido antes de incorporarlas a nuestra mente. Tenemos que escoger aplicar este nivel de pureza en:

- las películas
- los libros
- la televisión
- la música
- las relaciones
- las conversaciones

Nuestras oraciones tendrían que ser como la oración de David en el Salmo 51.10: «Crea en mí, oh Dios, un corazón limpio, y renueva la firmeza de mi espíritu». Una mente limpia produce deseos correctos. Los deseos correctos producen las costumbres correctas. Las costumbres correctas producen una vida de poder y gozo, una vida que complace a Dios, una vida justa. El viejo dicho es verdad: «Siembra un pensamiento, cosecha una acción. Siembra una acción, cosecha una costumbre. Siembra una costumbre, cosecha un modo de ser. Siembra un modo de ser, cosecha un destino». Tenemos que pensar pensamientos puros.

Quinta pauta: Pensamientos amables («*todo lo amable…*»)

Los pensamientos amables promueven la paz y el amor. La manera en que vivimos está determinada en gran parte por la «postura» de nuestra mente. Las mentes que estén concentradas en pensamientos desagradables tales como la venganza, la ira, o la crítica producirán vidas que sean como imanes. Esos pensamientos ingratos atraerán más amargura y resentimiento y darán origen a conflictos. ¿Cómo cambiamos ese patrón de destrucción? Cambiando la postura de nuestra mente.

Colosenses 3.2 dice: «Concentren su atención en las cosas de arriba, no en las de la tierra». Ese mismo versículo en otra traducción dice: «permitan que el cielo colme sus pensamientos». Dios está diciendo que la mente del cristiano tiene que estar puesta en las cosas de arriba, las cosas «más elevadas» de la vida, tales como la generosidad, la dulzura y el amor. Cuando ésta es la postura de nuestra mente, Dios dice que seremos adorables. Suscitaremos amor. Promoveremos la paz. Seremos más atractivas e incluso, más hermosas.

Según una encuesta, todos los años en los Estados Unidos compramos de manera colectiva cada minuto:

- 1484 lápices labiales (a un costo de $4566)

- 913 frascos de esmalte para uñas ($2055)

- 1324 envases de rímel, sombra de ojos y delineadores de ojos ($6849)

- 2055 frascos de productos para el cuidado de la piel ($12,785)

Eso equivale a $1,575,300 por hora, todo ello para obtener una mayor belleza. Y, para algunas de nosotras, eso no nos es suficiente. La verdadera belleza emana de adentro, a partir de una manera de pensar amable… una manera de pensar correcta.

Tercer paso: Decidirse a poner en práctica una manera de pensar correcta

Observemos Filipenses 4.8-9 nuevamente: «Por último, hermanos, consideren bien todo lo verdadero, todo lo respetable, todo lo justo, todo lo puro, todo lo amable, todo lo digno de admiración, en fin, todo lo que sea excelente o merezca elogio. Pongan en práctica lo que de mí han aprendido, recibido y oído, y lo que han visto en mí, y el Dios de paz estará con ustedes».

Pablo dice que el nivel de nuestra manera de pensar tiene que ser excelente, digno de recomendarse a los demás. En otras palabras, nuestra manera de pensar tendría que ser un modelo y un patrón que pudieran imitar los demás. Nunca tendríamos que desperdiciar el magnífico poder de la mente en otras cosas menos importantes. Él nos desafía a elevar el nivel de nuestro pensamiento, a negarnos a permitir que las «cosas burdas» de este mundo habiten en nuestra mente. No tenemos que cejar en nuestros esfuerzos por dirigir nuestros pensamientos hacia lo excelente. No podemos separar nuestros pensamientos interiores de nuestras acciones exteriores. Manifestamos lo que pensamos. Estamos sin duda en una gran batalla. Para poder ganar tenemos que tomar cautivos nuestros pensamientos.

En 2 Corintios 10.5, Pablo escribe: «Llevamos cautivo todo pensamiento para que se someta a Cristo». Otra versión le da aún más poder a este versículo: «Capturamos cada pensamiento y le obligamos a que se rinda y obedezca a Cristo».

El primer mandamiento y el más importante es amar al Señor nuestro Dios con toda nuestra mente. (Véase Mateo 22.36-38). No con una parte de nuestra mente, no con la mayor parte de nuestra mente, sino con toda nuestra mente. Amar a Dios con toda la mente exige obediencia a las pautas que nos haya dado. El conocimiento en sí no es nunca suficiente. Dios no está complacido con nuestro conocimiento de la verdad si no da como resultado la práctica de esa verdad expresada en nuestra vida diaria.

Él nos llama a que tomemos acción en respuesta a su verdad porque la acción libera a la verdad en nuestra vida para que obre y transforme. Santiago 1.22 dice: «No se contenten sólo con escuchar la palabra, pues así se engañan ustedes mismos. Llévenla a la práctica». Cuando se nos confronta con la verdad, tenemos que escucharla, recibirla, aprenderla y luego ponerla en práctica. No es suficiente saber que nuestros pensamientos tendrían que ser excelentes y dignos de admiración. Tenemos que emplear esas pautas como los árbitros de nuestra manera de pensar.

Acabamos de finalizar una temporada de fútbol muy exitosa. Ésta es nuestra tercera temporada en este club deportivo en particular. A lo largo de los años, hemos aprendido cuáles árbitros son buenos. Algunos árbitros sólo aparecen para el partido. No se hacen cargo hasta que el partido esté fuera de control y yo esté obligada a tomar cartas en el asunto y a ayudar mediante mi opinión de sus decisiones. (Mis hijos odian eso.) Sin embargo, existe un árbitro que es maravilloso. Cuando entra al campo de juego, todos saben exactamente quién está en control. Es duro y cobra cada falta. Los chicos se quejan a veces de su extrema firmeza en el manejo del partido, pero están también muy contentos de verlo porque aporta seguridad y paz al juego. Todos conocen su lema: «Yo no permito ninguna basura».

Esto es exactamente lo que este nivel de pensamiento logrará para nuestra manera de pensar: si escogemos practicarlo. Cobrará correctamente las faltas. Echará fuera la «basura» y aportará seguridad y paz a nuestra vida. Varios años atrás, estaban probando un submarino y éste tenía que permanecer sumergido durante muchas horas. Cuando la nave regresó al puerto, le preguntaron al capitán: «¿Tuvo algún daño de la tormenta de anoche?» El capitán los miró sorprendido y les dijo: «¿Tormenta? Ni siquiera supimos que hubo una tormenta». El submarino estaba sumergido a tal profundidad que había alcanzado la zona en el océano que los marinos conocen como «el colchón del mar». Quizás el océano se vea azotado por enormes olas y fuertes vientos, pero esas aguas profundas ni siquiera se agitan. La manera de pensar que va en pos de los principios correctos encuentra un «colchón» que lo protege de las tormentas de la vida. Es un cerco de protección y una fuente de paz inquebrantable.

Lo que disuade poderosamente la depresión es la manera de pensar completamente sometida a Dios y controlada por Él. ¿Cómo es nuestra manera de pensar? Utilizando la lista de control más abajo, tomen un minuto para evaluar sus pensamientos según las pautas de Filipenses 4.8.

Acaso son:

___ verdaderos	___ respetables
___ justos	___ puros
___ amables	___ dignos de admiración
___ excelentes	___ merecen elogio

¿Desean acaso poder... paz... victoria? Pablo nos instruye a «pensar en esas cosas». Mi suegro colecciona planchas antiguas. He estado con él en mercados de pulgas y ventas de garaje mientras examina cuidadosamente cada plancha antes de comprarla. Esas planchas están generalmente muy oxidadas, algunas veces cubiertas de suciedad y son extremadamente viejas. Para ser honesta, a mí todas me parecen igual. Un día, por fin le pregunté: «Papá, ¿cómo sabes si una plancha es buena?» Su respuesta fue muy sabia. «He aprendido que la plancha es tan buena como su mango. Si el mango está en buenas condiciones, la plancha es valiosa».

El «mango» de nuestra manera de pensar está compuesto por la buena voluntad de reconocer el poder de nuestros pensamientos, el compromiso a las pautas de Dios con respecto a nuestra mente y la decisión de pensar de manera correcta.

6
Cómo Vencer las Preocupaciones

El pozo de la depresión está a menudo inundado de preocupaciones. Muchas de las personas deprimidas viven en un constante estado de preocupación. Yo me preocupaba sobre cómo era que había terminado en ese pozo. Me preocupaba cómo saldría o si alguna vez lograría escapar de él. Me preocupaba cómo esa lucha con la depresión afectaría a mi familia y nuestro ministerio. Me preocupaba sobre lo que la gente pensaría de mí al ver mi debilidad y fracaso. Me preocupaba sobre lo que había ocurrido en el pasado y lo que me aguardaba en el futuro. En la oscuridad, la preocupación hacía que todo pareciera más grande y feo de lo que realmente era. La preocupación había ayudado a meterme en el pozo, y la preocupación era uno de los guardias de mi prisión. Yo deseaba desesperadamente confiar en Dios; cambiar mi preocupación por su paz. Leí un sinnúmero de libros sobre la preocupación y la ansiedad. Describía con lujo de detalles mis preocupaciones favoritas a todos aquellos que desearan escucharme. Memoricé versículos sobre la ansiedad y la preocupación. Le supliqué a Dios que se llevara mis preocupaciones. Él hizo una magnífica obra en mi corazón y mi mente. Expuso al enemigo de la preocupación y me preparó para librar batalla con él.

La preocupación es energía desperdiciada. La preocupación utiliza los recursos de hoy para tratar de solucionar los problemas del mañana.

La preocupación es agotadora y muy malsana. Me contaron sobre un hombre que había sido hospitalizado debido a su ansiedad. Este hombre oprimió la oreja contra la pared de su habitación del hospital, escuchando atentamente. Vino una enfermera a ver cómo estaba. «¡Chitón!», le susurró el paciente, y luego la llamó para que se acercara. Ella apretó su oreja contra la pared y escuchó durante un largo rato. «No puedo escuchar nada», le dijo por fin. «Yo sé», le contestó el paciente. «Ha estado así todo el día».

Son asombrosas las cosas por las que nos preocupamos. Según una encuesta, los diez peores miedos del ser humano son:

- hablar en frente de un grupo de gente

- las alturas

- los insectos y bichos

- los problemas financieros

- las aguas profundas

- las enfermedades

- la muerte

- volar

- la soledad

- los perros

La preocupación encaja con este mundo, pero no concuerda con una vida llena de gozo: la vida que nos vino a dar Jesús. No existe nada que nos robe la alegría más rápidamente que la preocupación. Dios vino para que no tuviéramos que preocuparnos. Sin embargo, continuamos haciéndolo. Tiene que existir alguna manera de vencer las preocupaciones. Una vez más, me sentaba a los pies del Señor para poner mis temores y preocupaciones en sus manos; descansando y aguardando mi liberación. Hasta que un día llegó.

Alégrense siempre en el Señor. Insisto: ¡Alégrense! Que su amabilidad sea evidente a todos. El Señor está cerca. No se inquieten por nada; más bien, en toda ocasión, con oración y ruego, presenten sus peticiones a Dios y denle gracias. Y la paz de Dios, que sobrepasa todo entendimiento, cuidará sus corazones y sus pensamientos en Cristo Jesús (Filipenses 4.4-7).

> El gozo es la confianza profundamente
> arraigada de que Dios lo controla todo.

En este pasaje, Dios nos da la promesa de paz. Sin embargo, existen ciertas condiciones que debemos cumplir. Hay ciertas tareas que tenemos que llevar a cabo para poder experimentar paz y vencer las preocupaciones.

Primera tarea: Elegir el gozo

«Alégrense siempre en el Señor. Insisto: ¡Alégrense!» (Filipenses 4.4). Otra versión lo dice de la siguiente manera: «Celebren a Dios todo el día, todos los días. Quiero decir: ¡deléitense en él!»

El autor, Pablo, toma el gozo muy en serio. Nos dice dos veces en este pasaje que nos alegremos. Alegrarse es practicar la presencia de Dios, deleitándonos en Él y optando por estar contentas, sean cuales sean las circunstancias de nuestra vida. Muchas veces, la vida hace que nos sea imposible estar felices. La felicidad no es a lo que nos llama Pablo.

La felicidad es una imitación barata del gozo verdadero. El gozo es la confianza profundamente arraigada de que Dios lo controla todo.

La situación de Pablo al escribir esta carta no era exactamente propicia para el gozo. Estaba apresado bajo arresto domiciliario por parte de los romanos, esperando el juicio y casi segura ejecución. Sin embargo, nos dice que nos alegremos. No dejen pasar esto. Lo que Pablo nos está diciendo es una verdad que puede cambiarnos la vida. Nuestras actitudes interiores no tienen que reflejar las circunstancias exteriores. En otras palabras, no siempre podemos encontrar gozo en nuestras circunstancias, pero podemos siempre encontrar gozo en el Señor de las circunstancias. «Cuando en mí la angustia iba en aumento, tu consuelo llenaba mi alma de alegría» (Salmo 94.19).

El tiempo del verbo «alegrarse» se traduce como «seguir alegrándose». Es un mandato continuo; un llamado constante a la obediencia. La obediencia siempre comienza con una elección y termina por fin en gozo. En Juan 15.10-11, Jesús vincula el gozo a la obediencia cuando dice: «Si obedecen mis mandamientos, permanecerán en mi amor, así como yo he obedecido los mandamientos de mi Padre y permanezco en su amor. Les he dicho esto para que tengan mi alegría y así su alegría sea completa». No existe forma alguna en este mundo de escapar al dolor, pero es posible esquivar la alegría.

Perseguir la alegría es una cuestión de elección. Nuestra primera opción y la más importante de todas es acercarnos a la fuente del gozo verdadero... Cristo Jesús. También tenemos que elegir alegrarnos en medio de toda circunstancia, ya sea buena o mala. Tenemos que escoger concentrarnos y aceptar el plan de Dios para nuestra vida. Tenemos que elegir una perspectiva gozosa. Un pequeño niño le preguntó a su amigo: «¿No odiarías tener que usar lentes todo el tiempo?» No-o-o», le respondió lentamente el otro niño, «no si tuviera la clase de lentes que usa mi abuela. Ella ve cómo arreglar un montón de cosas. Ella ve muchas cosas lindas para hacer los días de lluvia: cosas buenas que los demás llaman malas. Y ella siempre ve lo que querías hacer aun cuando hagas un desastre terrible. Un día le pregunté cómo podía ver las cosas de esa manera todo el tiempo, y ella me respondió que era la manera en que había aprendido a ver las cosas. Así que deben ser sus lentes».

Tenemos que elegir ver la vida a través de los lentes de la alegría. Cuando elegimos el gozo, estamos eligiendo lo contrario a las preocupaciones.

Segunda tarea: Ser amables

Filipenses 4.5 da una orden inusual con respecto a las preocupaciones: «Que su amabilidad sea evidente a todos». La palabra «amabilidad» significa literalmente «humildad, suavidad y ternura». Tenemos que ser amables con todos. Una versión bíblica parafrasea «amabilidad» como «generoso y considerado». Lo miremos como lo miremos, esta verdad está en clara oposición al punto de vista del mundo en el que vivimos, donde todos respetan el poder y la seguridad en uno mismo, mientras que consideran que la amabilidad es una flaqueza.

A los ojos de Dios, la amabilidad es una fortaleza aprovechada y un poder controlado. ¿Qué tiene que ver, sin embargo, la amabilidad con la eliminación de las preocupaciones? La manera en que tratamos a la gente afecta nuestra paz. Muchas de nosotras tenemos vidas repletas de preocupaciones porque tenemos relaciones repletas de conflictos. Cuando no somos amables, los conflictos son el resultado. La preocupación y la ansiedad crecen con fuerza en el medio ambiente donde reinan los conflictos.

¿Qué significa ser amable en nuestras relaciones?

La amabilidad está dispuesta a renunciar al control

«En cambio, la sabiduría que desciende del cielo es ante todo pura, y además pacífica, bondadosa, dócil, llena de compasión y de buenos frutos, imparcial y sincera» (Santiago 3.17). La amabilidad celebra las diferencias de cada uno. Me contaron que una niña pequeña le dijo a su abuela que tenía tres mejores amigas y que ellas iban todas a iglesias diferentes. La abuela le preguntó si eso le había ocasionado algún problema alguna vez. La pequeña niña respondió: «Ah, no. No importa que vayamos a iglesias diferentes porque somos todas republicanas». La amabilidad siempre puede encontrar una parcela de terreno en común. Le da espacio a la gente para que crezca y cambie. La amabilidad no controla, sino que está dispuesta a ceder o someterse a los demás con amor.

La amabilidad es amor en acción

«[La amabilidad está] llena de compasión y de buenos frutos» (Santiago 3.17). La amabilidad no se sienta cómodamente a mirar cómo sufre la gente. La amabilidad se involucra en la vida de los demás. La primera fiesta del año que tuve que soportar durante mi depresión fue el Día de Acción de Gracias. Temía esa festividad ya que no nos visitaría ningún familiar. Mi astuto esposo ideó un plan. Invitó a mi hermana y cuñado para que vinieran y me sorprendieran con su visita desde Texas. Los buscó al aeropuerto, los dejó en el restaurante local, y luego me buscó a mí. Nunca me olvidaré el momento en que ingresé al restaurante y me encontré con mi familia. ¿Por qué vinieron? Porque Dan los llamó y les dijo: «ella los necesita». Eso fue todo. La amabilidad es el amor en acción.

La amabilidad es perdonar

«Por lo tanto, como escogidos de Dios, santos y amados, vístanse de afecto entrañable y de bondad, humildad, amabilidad y paciencia, de modo que se toleren unos a otros y se perdonen si alguno tiene queja contra otro. Así como el Señor los perdonó, perdonen también ustedes» (Colosenses 3.12-13). La amabilidad da y recibe perdón sin tardanza. La amabilidad asume la responsabilidad de iniciar el perdón.

La amabilidad promueve la paz

«Busquen la paz con todos» (Hebreos 12.14). La amabilidad no toma represalias sino que busca la paz. El objetivo de la amabilidad es la unidad. He leído que cuando un grupo de caballos enfrenta un ataque de depredadores, naturalmente utilizan una estrategia sumamente efectiva. Los caballos se colocan formando un círculo, mirando hacia el centro, y con sus patas traseras patean para alejar al enemigo. Los burros hacen exactamente lo contrario. Enfrentan al enemigo y se patean el uno al otro.

Cuando estamos lastimadas, deseamos naturalmente devolver la ofensa. Seamos honestas: ¡es divertido desquitarse! Pero la venganza no nos corresponde a nosotras. Dios dice que le pertenece a Él

(Deuteronomio 32.35). Sospecho que la razón por la cual no está en nuestras manos es que sería algo peligroso y destructivo. En cambio, en las manos de Dios se convierte en una herramienta de restauración.

> **Las Escrituras son el arma más poderosa contra la preocupación.**

Cuando Jered era muy pequeño, él y su papá trabajaban durante horas en el garaje construyendo «cosas importantes». Jered amaba las herramientas de su papá, en especial las eléctricas que Dan no le permitía usar. Para Navidad le compramos un pequeño banco de trabajo de madera y varias herramientas en una caja de herramientas que Jered podía decir que eran suyas. Jugó con ellas durante unos diez minutos; decidió que eran «herramientas para bebés»; y marchó directamente al garaje en búsqueda de algo con un poquito más de «potencia». Rápidamente, Dan siguió a su audaz hijo con un plan en su mente. Tomando un taladro eléctrico, lo colocó en las pequeñas manos de Jered. Por supuesto, el taladro se cayó al piso. Dan le explicó que la herramienta era demasiado grande para sus manos, pero el tamaño correcto para las de su papá. En las manos de Jered, ese taladro se habría transformado en un arma peligrosa, pero en las manos de Papá, era una herramienta constructiva. La venganza es igual a eso: destructiva en las manos equivocadas, pero constructiva en las manos correctas. Las únicas manos adecuadas para la venganza son las manos de un Dios dedicado a la misericordia y la justicia para todos los involucrados.

Tercera tarea: Estar concientes de su presencia

Pablo añadió algunas palabras importantes a sus comentarios sobre la alegría y la amabilidad: «El Señor está cerca» (Filipenses 4.5).

Nuestra plegaria no tendría que ser: «Señor, te pido que estés conmigo». Nuestra oración tendría que ser: «Señor, te pido que me hagas conciente de que Tú estás conmigo». Cuanto más concientes estemos de la presencia de Dios, tanto menos nos preocuparemos. ¿Cómo tomamos conciencia de su presencia?

Su Palabra

«Ciertamente, la palabra de Dios es viva y poderosa, y más cortante que cualquier espada de dos filos» (Hebreos 4.12). Las Escrituras son el arma más poderosa contra la preocupación. Léanlas. Memorícenlas. Sumerjan su vida en ellas. La Palabra de Dios nos da una base sólida. Nos da raíces cuando nos asaltan las tormentas de la vida. Cuando lleguen las preocupaciones, rechácenlas. Desvíenlas con la espada de la Palabra de Dios.

La oración

«Depositen en él toda ansiedad, porque él cuida de ustedes» (1 Pedro 5.7). La oración es simplemente una conversación con Dios. Vayan a Él y entréguenle sus inquietudes. Corran hacia Él con sus miedos. Ésa es vuestra responsabilidad. La responsabilidad de Dios es cuidarlas.

Cierta vez leí acerca de una viuda que había criado exitosamente una gran familia. Tenía seis hijos propios y había adoptado otros doce. Nunca parecía preocuparse por nada. Un reportero le preguntó en cierta ocasión cuál era el secreto de su paz y confianza. Ella le dijo: «No estoy sola. Formo parte de una sociedad. Mi socio es el Señor. Hace muchos años atrás, dije: 'Señor, yo haré el trabajo y Tú te preocuparás'. Desde entonces, vivo en paz».

Otros creyentes

«Uno solo puede ser vencido, pero dos pueden resistir. ¡La cuerda de tres hilos no se rompe fácilmente!» (Eclesiastés 4.12). Cuando compartimos nuestros miedos con los demás, estos se reducen porque alguien nos ayuda a llevar la carga. Una carga compartida es más liviana.

La experiencia

«Toda buena dádiva y todo don perfecto descienden de lo alto, donde está el Padre que creó las lumbreras celestes, y que no cambia como los astros ni se mueve como las sombras» (Santiago 1.17). Cuanto más conocemos a Dios, tanto mejor comprendemos que Él es quien Él dice que es. Cuanto más lo conocemos, tanto más vemos que está dispuesto y es capaz de obrar en nuestra vida. Naturalmente, comenzaremos a confiar en Él y pronto descubriremos que Él es digno de nuestra confianza. No hay ni siquiera una sombra de cambio en Él.

Gran parte de nuestras preocupaciones están vinculadas a lo desconocido. Las victorias «conocidas» del ayer pueden destruir el temor de lo que «desconocemos» hoy, porque Dios es siempre el mismo. Hebreos 13.8 nos asegura que Él es el mismo «ayer y hoy y por los siglos». La seguridad viene cuando nos damos cuenta de que podemos verdaderamente contar con Él. Dios permite que vengan las tormentas para que podamos aprender a confiar en Él. No sólo las permite, sino que las controla. Su presencia nos da el poder para vencer las dificultades. Cuando se vean tentadas a preocuparse, revisen sus libros, recuerden las victorias y vuelvan a celebrarlas una vez más. El Dios que las liberó ayer, las liberará hoy y mañana.

Jehová Shammah: «Yo estoy allí». Jehová Shalom: «Yo soy vuestra paz». Jehová Jireh: «Yo soy vuestro proveedor». Emmanuel: «Dios con nosotros».

Cuarta tarea: Optar por confiar

Filipenses 4.6 nos dice algo fácil de entender pero difícil de llevar a la práctica: «No se inquieten por nada».

La palabra «inquietarse» significa, literalmente, que nos «jalen en diferentes direcciones». En el inglés, la palabra se basa en la raíz proveniente del inglés antiguo de la cual se obtiene la palabra «preocupación» con el significado de «estrangular». Las preocupaciones nos pueden estrangular, pero la confianza quiebra el poder de las preocupaciones en nuestra vida.

Es posible no preocuparse. Tiene que ser así. Dios nunca nos pidió que hiciéramos algo que Él no nos diera el poder de hacer. En Isaías

41.10, Él nos dice: «Así que no temas, porque yo estoy contigo; no te angusties, porque yo soy tu Dios. Te fortaleceré y te ayudaré; te sostendré con mi diestra victoriosa».

La preocupación es un asunto de control. Lo opuesto es la confianza. Si escogemos confiar más, nos preocupamos menos. Si escogemos preocuparnos más, confiaremos menos. Si escogemos confiar por completo, no nos preocuparemos en absoluto. La elección es nuestra.

Qué gran promesa encontramos en Isaías 26.3: «Al de carácter firme lo guardarás en perfecta paz, porque en ti confía». ¿Por qué tienen paz? Porque confían en Dios. La confianza exige que le otorguemos el lugar primordial en nuestra vida.

¿Quién es Dios en nuestra vida? El origen de nuestras preocupaciones es que jugamos a ser Dios. Cuando pretendemos ser Dios, confiamos en nuestra propia suficiencia. Dios nos ordena que lo pongamos en primer lugar y vivamos como Él desea que lo hagamos: dependiendo totalmente de Él. Cada oportunidad que tengamos de preocuparnos, será una oportunidad también de confiar en Dios. Elijan confiar.

Cuando Danna era pequeña, ella y su papá tenían un juego favorito. Dan la colocaba en algún lugar alto, elevaba sus brazos y le decía: «Salta que Papá te agarra». Por lo general, Danna se tiraba a los fuertes brazos de su papá sin dudarlo. Un día, el salto le pareció un poco demasiado alto, y Danna estaba un poco asustada. Se quedó congelada en el lugar y dijo: «No puedo, Papá. No puedo verte». De inmediato, Dan le contestó: «No te preocupes. Yo puedo verte a ti». ¡Y ella saltó!

Confíen en Él. Él está allí. Él sabe lo que está haciendo. Aun cuando no podamos verlo, Él nos puede ver a nosotras. Y Él es omnipotente. Sus brazos están abiertos, esperándonos.

Quinta tarea: Orar por todo

Después de decir «No se inquieten por nada», Pablo prosigue diciendo: «más bien, en toda ocasión, con oración y ruego, presenten sus peticiones a Dios» (Filipenses 4.6).

La palabra «ruego» significa suplicar seriamente o implorar. «Presentar nuestras peticiones» es simplemente «hacer saber» o «decir» a Dios específicamente qué es lo que necesitamos. En 1 Tesalonicenses 5. 17 se nos insta a «orar sin cesar». La traducción literal de «sin cesar» es «en la dirección del sol». Es la idea de comenzar temprano a la mañana y no detenernos. Tenemos que orar por todo. Cuando oramos por todas las cosas, dejamos de preocuparnos, ya que la oración invita a Dios a involucrarse en todas las áreas de nuestra vida. Cuando Él está involucrado, no tenemos que preocuparnos de nada.

Nosotros tenemos un teléfono inalámbrico. Nunca lo puedo encontrar, porque jamás se encuentra en la horquilla. Un día estaba buscando este teléfono ambulante y entré a la sala donde la encontré a Danna sentada en el sofá con el teléfono en una mano y el control remoto del televisor en la otra. «¿Estás hablando con Amanda?», le pregunté. Ella me respondió: «Sí, estamos mirando juntas la televisión». Más tarde, decidí regresar. Cuando lo hice, el teléfono estaba sobre el almohadón del sofá junto a Danna. Le pregunté si podía por favor usar el teléfono. Su respuesta fue: «Mamá, Amanda va a regresar enseguida. Está cenando, pero yo deseo mantener la línea abierta». Ésa es la idea de orar sin cesar… la idea de mantener la línea abierta.

He escuchado decir que «cuando nuestras rodillas tiemblen, tenemos que arrodillarnos sobre ellas». En otras palabras, en vez de preocuparnos, tenemos que orar.

Sexta tarea: Dar gracias y alabarlo continuamente

Pablo nos insta a dar gracias en nuestras oraciones: «en toda ocasión… denle gracias» (Filipenses 4.6). «Dando siempre gracias a Dios el Padre por todo, en el nombre de nuestro Señor Jesucristo» (Efesios 5.20).

Cuando vivíamos en el sur de la Florida, el césped en nuestro jardín crecía durante todo el año. A lo largo del tiempo, nos dimos cuenta de que la mejor manera de lidiar con los hierbajos era cuidando el césped. Cuando el césped está sano, los hierbajos no tienen espacio para crecer.

Cuando nuestros corazones y vidas están colmados de alabanzas y agradecimiento, las preocupaciones son hierbajos que se van a morir por falta de atención. ¿Por qué? Porque la alabanza reconoce el verdadero carácter de Dios, mientras que el agradecimiento reconoce la obra de sus manos. Juntos, la alabanza y el agradecimiento son armas poderosas contra la preocupación.

La alabanza y el agradecimiento complacen a Dios. Salmo 147.1: «¡Cuán bueno es cantar salmos a nuestro Dios, cuán agradable y justo es alabarlo!»

La alabanza y el agradecimiento estimulan la obediencia. Primera Tesalonicenses 5.16-18: «Estén siempre alegres, oren sin cesar, den gracias a Dios en toda situación, porque esta es su voluntad para ustedes en Cristo Jesús». Su voluntad es que lo alabemos. La obediencia a Dios promueve siempre la paz y elimina las preocupaciones.

La alabanza y el agradecimiento mejoran la conciencia de su presencia. Salmo 22.3: «Pero tú eres santo, tú eres rey, ¡tú eres la alabanza de Israel!» Cuando alabamos a Dios, lo estamos colocando en el trono de nuestra vida. Hacemos que nuestras circunstancias temibles sean su habitación.

La alabanza y el agradecimiento producen confianza. El Salmo 42.11 pregunta: «¿Por qué voy a inquietarme? ¿Por qué me voy a angustiar? En Dios pondré mi esperanza, y todavía lo alabaré. ¡Él es mi Salvador y mi Dios!»

El agradecimiento es un depósito en el futuro. La alabanza es la confianza de que Dios obrará y luego, esperar que lo haga, comprendiendo que las piedras de tropiezo del presente son los escalones del futuro. La alabanza libera a Dios para que obre, porque cuando lo alabamos estamos depositando toda nuestra confianza en Él a pesar de las circunstancias.

Se cuenta que un joven estaba sentado en el banco de una plaza, leyendo su Biblia. De repente, comenzó a gritar: «¡Alabado sea el Señor! ¡Qué milagro!» Un hombre mayor, muy distinguido, que pasaba caminando por allí, se detuvo y le preguntó a qué se debía su gran entusiasmo. El joven le respondió: «Estaba leyendo cómo Dios partió el Mar Rojo y toda la nación de Israel cruzó al otro lado sin mojarse». El hombre mayor con expresión desdeñosa le dijo: «¿Acaso no sabes? Ése no era un mar verdadero. Eran apenas unas pocas pulgadas de agua». Luego giró su cabeza con evidente irritación y se marchó caminando, dejando al joven confundido y desanimado. Pero, en unos pocos minutos, éste comenzó a gritar otra vez. El incrédulo regresó y le preguntó: «¿Por qué estás gritando ahora?» «Bueno, señor, ¡es que acabo de leer que Dios ahogó a todo el ejército de los egipcios en apenas unas pocas pulgadas de agua!»

No permitan que nadie les impida alabar a Dios. No permitan que ninguna circunstancia les niegue el gozo de dar gracias. «Bendeciré al Señor en todo tiempo; mis labios siempre lo alabarán» (Salmo 34.1). «El gran amor del Señor nunca se acaba, y su compasión jamás se agota. Cada mañana se renuevan sus bondades; ¡muy grande es su fidelidad!» (Lamentaciones 3.22-23).

Si desean tener victoria sobre las preocupaciones, den gracia y alaben a Dios.

Un último pensamiento

Pablo nos ha mostrado lo que debemos hacer para conquistar las preocupaciones:

- Elegir el gozo
- Ser amables
- Estar concientes de su presencia
- Optar por confiar
- Orar por todo
- Dar gracias y alabarlo continuamente

Seis condiciones. Pero aquí está la promesa: «Y la paz de Dios, que sobrepasa todo entendimiento, cuidará sus corazones y sus pensamientos en Cristo Jesús» (Filipenses 4.7). La paz permite que ingrese la tranquilidad y una sensación de calma en el caos de la vida. Cuando reina la paz, no estaremos preocupadas y tendremos una sensación de bienestar absoluto.

Pablo dice que esta clase de paz va más allá de todo entendimiento. Está más allá de nuestra capacidad de comprender. El mundo no la puede entender, pero pagaría cualquier precio para poseerla.

Esta paz no es algo que podamos crear nosotras mismas. Es un don sobrenatural de Dios que nos es dado como un cerco de protección. Ella «cuidará [nuestros] corazones y [nuestros] pensamientos en Cristo Jesús». En este versículo, «cuidar» es un término militar que equivale a una «plaza fuerte o guardia». Cuando hemos satisfecho las condiciones, Dios deposita paz a la entrada de nuestros corazones y nuestras mentes con la tarea de «cuidar a sus hijos».

De modo que las buenas noticias son que podemos conquistar las preocupaciones. ¿Qué temor invade nuestro corazón? ¿Qué les preocupa en este momento? Ríndanse. Pónganse en acción. Reclamen las promesas de Dios e intercambien vuestras preocupaciones por su don de paz.

7
Cómo Manejar
el Estrés

S i deseamos evitar la depresión tenemos que aprender a manejar el estrés. Cuando no sabemos cómo lidiar con el estrés de la vida diaria, éste nos agota y nos consume. Se acaban nuestros recursos interiores y nos hallamos en el fondo del pozo. Cierta vez vi una etiqueta adhesiva pegada al parachoques de un automóvil que decía: «Justo cuando pensaba que estaba ganando la carrera de ratas [la febril competitividad de la vida moderna], aparecieron ratas más veloces que yo». El estrés es un compañero conocido. Puede destruir nuestra salud y dañar cada parte de nuestra vida. El estrés posee diferentes disfraces inteligentes y es posible que no lo detectemos hasta no vernos en serios problemas.

Los años previos a mi experiencia en el pozo estuvieron sembrados de problemas relacionados con el estrés. No me sentía bien físicamente y siempre parecía estar cansada e irritable. En la mitad de la noche, me despertaba una sensación de catástrofe inminente que luego quedaba suspendida sobre mis días como una nube oscura. Comencé a tener problemas para dormir y las jaquecas se convirtieron en una realidad cotidiana. Por fin, un tremendo dolor en el estómago me obligó a correr al médico, quien me ordenó toda una serie de pruebas. Durante tres meses, el mundo médico buscó alguna respuesta a mis males. Todas las semanas había alguna otra prueba horrible. Por fin, el médico me miró y me dijo: «Mary, no podemos encontrar ningún problema, excepto uno solo: estrés. El estrés crónico te está enfermando; tú tienes que aprender a controlarlo».

Yo lo miré y le dije: «Eso es absurdo. Yo le digo a la gente cómo manejar el estrés. Soy la esposa de un pastor. Soy una cristiana y tendría que estar viviendo una vida de paz y gozo». El médico no pareció estar demasiado impresionado por esa información. Me entregó una lista de cosas para aliviar el estrés y me mandó a casa. Tuve la sensación de que alguien me había ofrecido una curita® cuando lo que necesitaba era cirugía. Necesitaba ayuda y afortunadamente sabía dónde obtenerla. Comencé a buscar respuestas en las Escrituras y pronto descubrí que el control del estrés es una disciplina espiritual. No existe un secreto único para manejar el estrés, pero en la Palabra de Dios hay varias claves para hacerlo.

A veces los masajes más conocidos son los que menos tenemos en cuenta. El Salmo 23 es uno de esos pasajes. Este salmo es la descripción de una relación personal entre un pastor y sus ovejas; entre un padre y su hijo. Nos da diez claves para ocuparnos del estrés.

> El Señor es mi pastor, nada me falta; en verdes pastos me hace descansar. Junto a tranquilas aguas me conduce; me infunde nuevas fuerzas. Me guía por sendas de justicia por amor a su nombre. Aun si voy por valles tenebrosos, no temo peligro alguno porque tú estás a mi lado; tu vara de pastor me reconforta. Dispones ante mí un banquete en presencia de mis enemigos. Has ungido con perfume mi cabeza; has llenado mi copa a rebosar. La bondad y el amor me seguirán todos los días de mi vida; y en la casa del Señor habitaré para siempre. (Salmo 23.1-6).

Primera clave: Saber a quién le pertenecemos (*«El Señor es mi pastor»*)

Para controlar el estrés, tenemos que comenzar con una relación vital y personal con un Dios vivo. Es muy frustrante y bastante estresante

tratar de vivir la vida cristiana cuando uno no es cristiano. Es igualmen-
te frustrante y quizás aún más estresante ser cristiano y tener una relación
quebrantada con Dios.

Yo me crié yendo a la iglesia. Cada vez que se abrían las puertas,
allí estaba yo. Cuando cumplí diez años, me uní a la iglesia. Durante
uno de los servicios, caminé hacia el altar, le di la mano al pastor, y me
senté en la primera fila. El pastor me preguntó si amaba a Jesús y, como
cualquier niña, dije que sí. Él declaró que yo era cristiana y me pidió
que llenara la tarjeta de membresía de la iglesia. Al final del culto, todos
se acercaron a abrazarme y darme la bienvenida a la «familia». Todos
estaban llorando y parecían muy contentos. Me dijeron que yo había
tomado la decisión más importante de mi vida. No lo comprendí. Lo
único que había hecho era unirme a la iglesia. ¿Qué tenía eso de importante? De inmediato, me dediqué por entero a servir a Dios, a quien no
conocía, tratando desesperadamente de lograr que Él me amara; tratando de encontrar aquello que faltaba en mi vida.

El verano después del noveno año de escuela, nuestro grupo de
jóvenes fue a Glorieta, Nuevo México, para una conferencia para jóvenes.
El predicador esa semana era Gregory Walcott, un actor a quien había
visto en varias películas de vaqueros del oeste. Una noche, al final del
sermón, él miró al mar de gente joven, y me señaló directamente. Sus
palabras punzaron mi corazón: «Si murieras esta noche», preguntó,
«¿dónde pasarías la eternidad?» Y yo sabía. En ese momento, supe qué
era lo que me faltaba. Sabía todo lo relacionado a Jesucristo, pero no lo
conocía a Él. Esa verdad me invadió y colmó mi corazón con una
comprensión nueva. Él me conocía, me amaba y me estaba llamando.
Levanté la mirada y sentí pánico. No podía tomar un compromiso con
Cristo delante de toda esa gente. De modo que comencé a negociar con
él, diciéndole que no bien llegara a mi casa, a mi pequeña iglesia en
Brownwood, Texas, me encargaría de poner todo esto en orden.

Pasaron las semanas, mientras que yo me aferraba obstinadamente
a mi orgullo, negándome a rendirme ante Aquél a quien más necesitaba.

Por fin, durante un servicio de avivamiento en mi iglesia en la primavera, el predicador comenzó a cerrar su mensaje. Yo no había prestado atención a ninguna de sus palabras, hasta que escuché la pregunta acuciante una vez más. «Si murieras esta noche, ¿dónde pasarías la eternidad?» Esa noche tomé un compromiso que cambió mi vida. No se trataba de unirme a una iglesia, sino de entregarme por entero a un Dios vivo.

Ése fue un comienzo maravilloso, pero hubo momentos en mi vida en que mi pecado estropeó esa relación. Si no lidiamos con el pecado, podemos llegar a dudar a quién le pertenecemos, pero jamás puede cambiar esa realidad. Si me hijo se va de casa y nunca regresa, seguiría siendo mi hijo. Nuestra relación se vería afectada, pero nada que él hiciera o dejara de hacer podría cambiar el hecho de que él es mi hijo. Gran parte de nuestro estrés proviene de una comprensión equivocada de quiénes somos y a quién le pertenecemos.

> ## Un padre amoroso satisface las necesidades de sus hijos.

Regresemos al principio. Examinemos nuestra relación con Cristo Jesús. ¿Lo conocemos? ¿Tenemos una relación correcta con Él? ¿Existe algún pecado del que tengamos que ocuparnos? ¿Tenemos el corazón limpio delante de Él? ¿Sabemos a quién le pertenecemos?

Segunda clave: Reconocer nuestra fuente («*Nada me falta*»)

Una maestra de escuela dominical le pidió a su clase de niños de primer grado que citaran su versículo favorito. Un niño levantó de inmediato su mano. Luego que la maestra lo llamó, él comenzó a recitar el Salmo 23. «El Señor es mi pastor. Él es todo lo que me hace falta». El pequeño había citado el versículo mal, pero había entendido bien el mensaje central.

Este versículo afirma el hecho de que Dios nos cuida. La palabra «falta» significa literalmente «carencia». En otras palabras, como sus hijos no nos falta nada. Él se hace cargo de todas nuestras necesidades. A veces confundimos nuestras necesidades con lo que codiciamos. Vivimos en un mundo que venera lo material. No es difícil vernos envueltas en la construcción del «Reino de las Cosas». Calvin Miller dijo: «El mundo es pobre porque su fortuna está enterrada en el cielo y todos los mapas del tesoro son mapas de la tierra».

Un padre amoroso satisface las necesidades de sus hijos. Él es nuestra fuente. Nuestro esposo no es nuestra fuente. Nuestro empleo no es nuestra fuente. Nuestros hijos no son nuestra fuente. Gran parte de nuestro estrés se origina en el hecho de que buscamos en los lugares equivocados y recurrimos a la gente equivocada para satisfacer nuestras necesidades. Jesucristo es nuestra fuente.

Tercera clave: Saber cuándo quedarnos quietas *(«En verdes pastos me hace descansar»)*

El sueño es sagrado. A veces la cosa más espiritual que podemos hacer es dormir u obtener el descanso que tanto necesitamos. Es un factor médico que el cuerpo humano está programado para una cierta cantidad de descanso. Podemos engañarnos por un rato, pero no durante demasiado tiempo.

Cuando no logramos descansar lo suficiente, la eficiencia de nuestro cuerpo se ve afectada. Funcionamos mediante «baterías» que tienen que recargarse regularmente. Cuando estamos cansadas, nos resulta mucho más difícil controlar el estrés.

Cuando Jered tenía once años, deseaba un coche a control remoto. Decidimos regalarle uno para Navidad. Lo compré, le instalé las pilas, lo envolví y lo coloqué debajo del arbolito. La mañana de Navidad, por fin lo abrió. Cuando desenvolvió a los tirones el paquete y se dio cuenta de lo que era, gritó de alegría, nos dio un abrazo y marchó afuera con su hermana para probarlo en la entrada del garaje. Dan y yo disfrutamos unos momentos de tranquilidad y luego fuimos a mirar lo que estaban haciendo. Lo que vi no me hizo feliz. El coche estaba andando con esfuerzo, girando en círculos. Yo no podía creerlo. Ese coche había sido muy caro y se suponía que tenía que hacer toda clase de proezas, pero en cuestión de unos pocos minutos, estaba roto. «Jered», dije echando chispas, «¿qué ocurre con este coche? ¿Está ya roto? ¿Tenemos que devolverlo?» Jered me respondió con toda calma: «Está bien, Mamá. Sólo necesita pilas nuevas. Leí las instrucciones y dicen que cuando las pilas están gastadas el coche puede girar en círculos». Cuando nuestra batería está baja, nosotras también damos vueltas y vueltas en redondo.

Cuando miramos nuestras agendas, podríamos pensar que la fatiga es uno de los dones espirituales. Esto quizás les asombre, pero no figura en la lista. No sólo tenemos que aprender cómo descansar, sino que tenemos que aprender también cuándo hacerlo. Tenemos que tomarnos el tiempo para hacerlo, aun cuando no tengamos el tiempo para hacerlo. Cuando podamos aprender a «estar tranquilas», nuestro nivel de estrés será menor.

Cuarta clave: Aprender el valor de estar solas (*«tranquilas aguas»*)

La analogía en el centro del Salmo 23 es la de Dios como el Pastor y sus hijos como las ovejas. Las ovejas nunca están tranquilas cuando están cerca de un torrente de agua. No son buenas nadadoras. Parecen darse cuenta de que el peso de su lana, cuando esté mojada, las hundiría. Las ovejas necesitan aguas tranquilas. Necesitan aguas serenas. El Salmo 46.10 nos dice: «Quédense quietos, reconozcan que yo soy Dios». Hay muchas cosas que no podemos saber de Dios cuando estamos a las corridas. Pero este versículo promete que cuando estemos quietas, junto a aguas tranquilas, lo conoceremos íntimamente. La tranquilidad implica quietud y soledad. Cuantas más responsabilidades acarreemos, cuanto más ocupadas estemos, tanto más necesitaremos habituales momentos a solas.

La soledad no ocurre simplemente. Tenemos que forjarla de nuestro día ajetreado y crear un espacio para ella. Nuestra vida puede estar llena de cosas que no dejen espacio alguno para lo más importante: lo eterno. Necesitamos momentos a solas, sentadas a los pies de Jesús, de modo que podamos conocerlo. En esos momentos de tranquilidad es cuando su plan para nuestra vida emerge como el amanecer. Es en esa soledad que se nos reabastece y restaura para enfrentar los desafíos de ese día. Quizás pensemos que no tenemos tiempo para estar a solas, pero si somos sabias nos daremos cuenta de que esa soledad mejora nuestro manejo del tiempo. Tenemos que buscar las oportunidades para practicar la soledad, y cuando llegan, aprovecharlas.

Aquí les ofrezco algunos consejos para aprovechar al máximo los momentos y horas que puedan pasar a solas:

- Pasen tiempo al aire libre. Es muy refrescante pasar tiempo solas al aire libre. Disfruten de un día en la playa. Caminen por el parque. Siéntense a la sombra de un árbol y mediten. Acuéstense sobre el césped y miren cómo pasan las nubes.

- Aprendan el arte de «centrarse». Éste es un antiguo término cuáquero que se refiere a la práctica de ordenar nuestros pensamientos y centrarlos en Dios.

- Tengan días en que abandonan todas las agendas.

- Guarden silencio.

- Lean la Palabra de Dios y permitan que empape lentamente vuestro espíritu.

- La manera en que practiquen la soledad no es tan importante como el compromiso de lograr que la soledad sea una parte regular de su vida.

Quinta clave: Hacer lo que Dios nos dé para hacer *(«Me guía por sendas de justicia»)*

La palabra «justicia» significa «las cosas correctas». El Pastor tiene un plan para sus ovejas: así como lo tienen todos los demás. El plan del Pastor es un plan perfecto, un buen plan. El plan del Pastor lleva a sus ovejas por los senderos que les convienen. Cuando las ovejas optan por seguir un plan diferente, siempre terminan en problemas, atascadas en alguna grieta o perdidas por el sendero equivocado.

El Pastor le da potencia únicamente a su agenda. Primera Tesalonicenses 5.24 promete: «El que los llama es fiel, y así lo hará». Dicho en otras palabras, Dios nos da el poder de hacer solamente aquello que nos llama a hacer. Cuando llevamos a cabo nuestra agenda, nuestros planes, dependemos de nuestra propia fuerza. Pronto estaremos perdidas y sin energía.

El Padre no busca la perfección. Está buscando autenticidad. La autenticidad significa que tenemos que ser quienes somos. Tenemos que convertirnos en la persona que Dios nos dio el don de ser. Cuando intentamos ser alguien que no somos, no complacemos a Dios. No podemos glorificar a Dios con los dones que no tenemos. Descubramos nuestros dones, los que Él nos haya dado, y utilicémoslos. Ésa es la razón por la cual los ha colocado en nuestra vida. Para que podamos dárselos de regreso a Él en servicio.

Una de las maneras de descubrir cuáles son esos dones que nos ha dado Dios es hallando nuestra «forma». Todos tenemos un trazado que fue colocado en nuestro ser por la mano creativa de un Dios que nos ama. A Él le encanta vernos ser nosotras mismas.

... ningún valle es permanente.

Según el Pastor Rick Warren, estos son los elementos que definen nuestra forma espiritual:

Dones espirituales

Pasión del corazón

Habilidades y talentos

Personalidad

Experiencias de vida*

Cuando descubrimos qué es lo que Dios desea que hagamos, podemos eliminar todo aquello en nuestra vida que no calce en ese plan. Gran parte de nuestro estrés proviene del hecho de tratar de ser todo para todos. Hagamos lo que Dios nos dé para hacer y descubramos el gozo de una vida con propósito.

Sexta clave: Esperar algunos valles (*«aun si voy por valles tenebrosos»*)

La muerte nos llega de múltiples formas y crea un estrés sofocante que nos puede consumir. Puede ser la muerte de un ser querido o de una relación. Podría ser la muerte de una esperanza o de un sueño. Pero los valles vendrán.

Necesitamos un ajuste de actitud para esos valles de la vida. Recuerden, ningún valle es permanente. Mi frase favorita en la Biblia es «se cumplió». Todo valle está rodeado por montañas y tiene un Pastor. El Pastor está familiarizado con el valle porque ha marchado delante de las ovejas y conoce lo que yace más adelante. Él caminará por el valle con las ovejas, al frente, liderando el camino. Todo ataque a las ovejas tiene que pasar primero por Él. Esperemos algunos valles, pero sepamos que Él es el Pastor de cada uno de ellos.

Séptima clave: Controlar nuestros miedos (*«no temo peligro alguno porque tú estás a mi lado»*)

La presencia de Dios lo cambia todo. Mi otra frase favorita de dos palabras en la Biblia es: «pero Dios». Yo no sé lo que me depara el futuro, pero Dios está conmigo. Estoy enferma, pero Dios es quien todo lo cura. Estoy sola, pero Dios me promete que nunca me dejará ni abandonará. Tengo miedo de la oscuridad, pero Dios es la luz del mundo. Cuando Él aparece, todo es diferente.

El versículo 4 continúa diciendo: «Tu vara y tu cayado me infundirán aliento» (RVR60). La vara y el cayado son los extremos opuestos del mismo palo. La vara es el extremo romo. El Pastor lo utiliza para rechazar a los atacantes. Las ovejas son criaturas indefensas, de modo que el Pastor se ocupa de protegerlas. El cayado es el extremo torcido. El Pastor lo utiliza para sacar a las ovejas de los lugares riesgosos. Las ovejas son impotentes, lo cual significa que el Pastor tiene que rescatarlas constantemente.

No hay nada que temer. Somos sus ovejas. Él nos protege y nos defiende. Él extiende su mano en los lugares oscuros donde hemos caído y nos rescata. Si llevamos nuestros miedos a nuestro Pastor, a Aquél que sostiene la vara y el cayado en su mano, podremos controlarlos.

Octava clave: Celebrar la batalla (*«Dispones ante mí un banquete en presencia de mis enemigos»*)

Los hebreos tenían la idea correcta. Antes de la batalla, tenían un banquete de victoria. Había unción en sus vidas: la señal de que Dios los había escogido. Ellos celebraban el resultado de la batalla porque sabían que eran un pueblo elegido. Cuando se acerca el enemigo, tenemos que sentarnos a la mesa de la victoria porque Dios nos ha escogido para que fuéramos suyas y Él está de nuestro lado. Si Dios está de nuestra parte, ganamos. Romanos 8.31 declara: «Si Dios está de nuestra parte, ¿quién puede estar en contra nuestra?» A menudo, mi esposo dice: «Si Dios está de nuestra pare, ¿qué importa quién está en contra nuestra?»

La batalla es para nuestro bien. En medio de nuestras batallas es donde más crecemos. El pequeño hijo de mi amiga Kim murió ahogado en un accidente. Cuando nos conocimos la primera vez, ella parecía una niña frágil tratando de llevar una pesada carga de dolor y sufrimiento. Pero a lo largo de los años, he visto que ella está cada vez más fuerte.

Sigue confiando y caminando a través de su dolor. Ahora es un esplendoroso trofeo de gracia, siempre dispuesta a compartir su testimonio sobre la suficiencia de Dios en su hora de mayor dolor. Él la ha usado para estimular a personas que hayan sufrido grandes pérdidas. Kim dice que esa horrible batalla fue para su bien. Sólo Dios puede lograr algo semejante.

Celebremos la batalla, confiadas en que Él está con nosotras. Celebremos la batalla, reconociendo que es para nuestro bien. Celebremos la batalla, sabiendo que ganaremos.

Novena clave: Contemos con su gracia (*«La bondad y el amor me seguirán todos los días de mi vida»*)

Porque apenas sé cómo coser botones, admiro las personas que bordan. Tengo una amiga que hace unos trabajos hermosos. Un día, camino al almuerzo, ella me mostró su último proyecto. Comencé a decirle qué hermoso era y fue entonces cuando ella me detuvo y me dijo que lo diera vuelta. Cuando miré la parte de atrás, me sorprendí al ver los feos nudos, las hebras de colores que iban en todas las direcciones y, en general, el gran revoltijo. Visto de frente era una hermosa obra de arte. El reverso era un desastre total.

La vida es igual a ese bordado. Todo depende de nuestra perspectiva. Quizás estemos mirando los nudos y desórdenes de nuestra vida, preguntándonos si acaso puede surgir algo bueno de tanto desastre. Pero un día, vemos nuestra vida desde la perspectiva del Padre: una obra de belleza.

Dios utiliza su misericordia y generosidad para crear trofeos de gracia. Contemos con su gracia.

Décima clave: Echemos una larga mirada (*«En la casa del Señor habitaré para siempre»*)

Lo he dicho antes… La vida es una maratón, no una carrera de 50 yardas planas. Es un proceso, no un producto. Es un viaje, no un destino. Tenemos que recordar vivir la vida, echando una larga mirada. Cuando Jered era pequeño, lo llevé a una gran tienda para que le tomaran unas fotografías. Era una oferta especial en la que se recibían cien fotografías por tan sólo $3.99. Me sorprendí al llegar al estudio y ver que estaba vacío por esta única vez. El fotógrafo colocó un telón de fondo azul para que hiciera juego con los ojos celestes de mi hijo y tomó el juego de fotografías que estaba incluido en la oferta. Cuando terminó, nadie más vino y Jered estaba haciendo un gran teatro. Me preguntó si me importaría que él tomara algunas fotografías adicionales para su estudio. ¿Qué madre rechazaría tal oferta de tener las fotos de su hijo plasmadas sobre las paredes de un estudio de fotografía? Me dio un traje negro para ponerle a Jered y colocó un telón de fondo negro. Era asombroso cómo los diferentes colores transformaban la apariencia de Jered. Cada telón de fondo lo hacía verse un poquito diferente.

Muchas veces pensamos que nuestro telón de fondo está constituido por las circunstancias de nuestra vida. No nos engañemos. Nuestro telón de fondo es la eternidad. Nuestro telón de fondo es una cruz. Nuestro telón de fondo es una tumba vacía. Echemos una larga mirada. Recordemos quién es el que será nuestra audiencia final. El estrés se derrite cuando le damos un vistazo a las circunstancias pero nuestra mirada está puesta en Él.

Un último pensamiento

El Salmo 23 es uno de los pasajes más amados de la Biblia y con razón. Ofrece magníficas ideas sobre cómo controlar el estrés. Permítanme desafiarlas a leer el Salmo 23 todos los días durante un mes. Conéctenlo a sus vidas y dejen que las verdades de este rico pasaje les permitan manejar el estrés.

8
Cómo Manejar Nuestras Emociones

*D*ios nos concibió como criaturas emocionales. Nos creó con una enorme capacidad para las emociones de manera que nuestras vidas pudieran ser ricas, plenas... sazonadas. Pero como tantas de las cosas creadas por Dios, nuestras emociones han sido mal utilizadas, abusadas y malentendidas hasta que su lugar correcto en nuestra vida se perdió.

Cuando estamos emocionalmente en bancarrota, somos blanco fácil de la depresión. Los resultados son desastrosos y de largo alcance. Nuestra vida se ve plagada entonces por enfermedades, problemas emocionales, relaciones quebrantadas, ministerios destruidos y sueños sin concretar.

Algunos dicen que deberíamos simplemente ignorar nuestros sentimientos, negar su existencia y enterrarlos en algún rincón oscuro del corazón. Yo utilicé esa técnica durante la mayor parte de mi vida. No funciona. Esos sentimientos reprimidos se convirtieron en un cáncer emocional que en silencio pero perniciosamente consumió mi energía y creó las condiciones perfectas para mi trayecto al pozo de la depresión.

El sepultar las emociones no es un concepto bíblico y niega gran parte de la Palabra de Dios. Jesucristo, el Hijo de Dios, fue el hombre más transparente en habitar la tierra. Era de naturaleza abierta y honesta, invitando a los demás a derribar las paredes emocionales que habían construido con tanto esfuerzo. En la vida de Jesús vemos dolor, ira, frustración e incluso miedo. La Biblia registra la integridad emocional de muchos otros. Pedro tuvo miedo cuando caminó sobre las aguas hacia donde se encontraba Jesús. María y Marta estaban desoladas por la muerte de su hermano, Lázaro. David estaba deprimido a causa del gran pecado en su vida.

El identificar correctamente nuestras emociones es esencial para sanarnos emocionalmente.

Algunos dirían que la manera correcta de manejar las emociones es simplemente «soltarlas» y darles rienda suelta. El Proverbio 25.28 describe el resultado peligroso de este enfoque: «Como ciudad sin defensa y sin murallas es quien no sabe dominarse». Una de las versiones de la Biblia lo dice de esta manera: «Como una ciudad que ha sido asaltada y que no tiene murallas es el hombre que no tiene control sobre su espíritu». Así como es incorrecto ignorar o negar nuestras emociones, también lo es darles entera libertad para merodear por nuestra vida, destruyendo todo y a todos a su paso.

Las emociones no son un pecado, pero el lugar que les demos en nuestra vida y nuestra respuesta a ellas puede serlo. De modo que tenemos que tomar una decisión. Podemos aprender a controlarlas o nos decidimos a no arriesgarnos y dejamos que ellas nos dominen a nosotras.

Un caluroso día de verano, un granjero estaba sentado frente a su choza, fumando su pipa. Entonces se le acercó un extraño que le preguntó: «¿Cómo va el algodón?» «No tengo ninguno», fue la respuesta. «No planté ninguno. Tenía miedo al gorgojo». «Bueno, ¿y qué tal el maíz?» «No planté ninguno. Tenía miedo a la sequía». «¿Y qué tal sus patatas?» «No tengo ninguna. Tenía miedo a los insectos». Por fin, el extraño le preguntó: «Bueno, ¿qué plantó entonces?» «Nada», respondió el granjero. «Decidí ir a la segura».

Si no aprendemos a manejar nuestras emociones, nos pasaremos toda la vida sin arriesgarnos. Jesucristo no vino para que pudiéramos tener una vida segura. Él vino para que pudiéramos tener una vida abundante. Nuestras emociones son un don de la mano de Dios y parte de esa rica abundancia. Con cada don de la mano de Dios viene el plan para utilizarlo de manera correcta. Cuando tomamos los pasos correctos, podemos aprender a manejar nuestras emociones.

Primer paso: Identificar nuestras emociones

Antes de poder reconocer nuestras emociones con honestidad y verdad, tenemos que poder identificarlas. Un diagnóstico médico correcto es esencial para sanarnos físicamente. El poder identificar correctamente nuestras emociones es esencial para sanarnos emocionalmente. Las emociones tienen diversos antifaces y son expertas del engaño.

Algunas son positivas. Otras son negativas. Por el bien de este estudio, nos concentraremos en aquellas emociones que tengan un efecto negativo en nuestra vida. Esas emociones negativas parecen ser aquellas con las que más luchamos en los momentos de depresión. ¿Cómo descubrimos su verdadera identidad?

Cómo descubrir su origen

El Proverbio 23.7 nos dice que «cual es su pensamiento en su corazón, tal es él» (RVR60). Existen muchas fuentes de las emociones negativas. La vida diaria nos ofrece una porción generosa de ellas. Las experiencias del pasado pueden albergar emociones negativas que perduran toda la vida. Cada vez que experimentamos dolor o rechazo tenemos delante de nosotras la oportunidad de aceptar emociones negativas. Algunas personas son «portadoras». Caminan por la vida, contagiando a los demás con su carga de emociones negativas. Satanás mismo se ocupa principalmente de estas emociones destructivas y está siempre dispuesto a compartirlas. Muchas veces, la mente se convierte en un lecho de emociones negativas.

Tenemos que orar, pidiendo al Espíritu Santo que nos revele las fuentes de emociones negativas en nuestra vida. Ésa es una de sus tareas. Juan 14.26 dice: «Pero el Consolador, el Espíritu Santo, a quien el Padre enviará en mi nombre, les enseñará todas las cosas y les hará recordar todo lo que les he dicho».

Tenemos que clasificarlas de manera correcta

Ha llegado el momento de ser honestas con respecto a nuestras emociones. Ha llegado el momento de dejar de negar que existan. Para poder hacer las cosas bien tenemos que ser auténticas. La salud y la restauración comienzan con la integridad emocional. Cuando comenzamos a revelar lo que sentimos, comenzamos a sanarnos.

En el capítulo 1, compartí con ustedes que cuando Dan y yo vinimos a Flamingo Road, nuestra iglesia pasó por algunos cambios importantes, yendo del modelo tradicional a uno contemporáneo. Dios nos llamó a un ministerio exclusivo; uno que era muy diferente al de las iglesias en las que habíamos servido antes. A mí me encantaron los cambios y estaba segura de que Dios nos estaba liderando y dirigiendo. Odié también los cambios porque muchas personas que considerábamos nuestros amigos se sintieron molestas. Algunas se fueron para unirse a otras iglesias que cuajaran mejor su estilo de adoración. Otras se fueron en medio de una tormenta de críticas y dolor.

Jamás había experimentado tanto dolor y rechazo. Sabía que no tenía que tomarlo de manera personal, pero era muy personal. En vez de ocuparme honestamente del daño emocional, me planté una sonrisa espiritual en la cara y fingí que todo estaba bien. Pero nada estaba bien. Mi gozo se había esfumado. Al despertarme a la mañana, tenía un nudo en la boca del estómago que permanecía allí hasta que caía en un sueño agitado a la noche. Y estaba muy enojada. Yo decía que era dolor, pero el Señor sabía exactamente lo que era y me confrontó con la realidad de que yo odiaba esa gente. Los odiaba por las cosas que habían dicho sobre Dan.

Los odiaba por habernos traicionado. Los odiaba porque no creían en nosotros. Los odiaba por su engaño y mentiras. Dios había dado en el clavo. Yo los odiaba y no tenía idea de cómo manejar una emoción tan poderosa como esa. De modo que no hice nada... por un tiempo.

Una mañana, me estaba preparando para salir a hacer algunos mandados. Estaba repasando la lista de ofensas que había coleccionado durante los últimos meses, alimentando la furia que ardía en mi corazón. De repente, Danna vino corriendo a nuestra habitación para mostrarme una hermosa casa que había construido con sus bloques de Lego. Cuando dobló la esquina, se tropezó y cayó. La casa se destruyó en mil pedazos al golpear contra el piso de baldosas. Danna me miró como para encontrar apoyo y me preguntó: «¿Tiene importancia, Mamá?» Mi respuesta fue: «No, cariño, no importa. Yo te ayudaré a construir otra casa... una casa más grande y mejor».

Cuando escuché la tierna voz de Dios que me susurraba: «Exactamente», me paré en seco. Y, en ese momento, sentada en el piso del baño con mi pequeña hijita, comencé a llorar, expresando toda mi ira y dolor, enfrentándome a todas esas horribles emociones que había acumulado durante meses. Danna permaneció allí en silencio junto a mí sobre ese suelo santo que se había convertido de repente en un altar. Traje mi ofrenda de heridas y recibí salud. Qué Dios extraordinario servimos. Y Él ha sido fiel a su promesa. Ha verdaderamente construido una casa más grande y mejor... en mi vida y en la vida de la iglesia de Flamingo Road.

Hasta que no enfrentamos nuestras emociones negativas con honestidad y reconocemos lo que verdaderamente son no podemos ocuparnos de ellas. Cuando lo hacemos, comenzamos a sanarnos. Para identificar nuestras emociones, tenemos que reconocer la fuente de la cual provienen y luego clasificarlas correctamente.

Segundo paso: Sujetar nuestras emociones

«El necio da rienda suelta a su ira, pero el sabio sabe dominarla» (Proverbio 29.11). La palabra hebrea utilizada aquí para «dominar» es la palabra «poner el arnés». La forma sustantiva de ese verbo significa literalmente «correas y hebillas». Es una imagen de encarcelamiento y cautiverio. La forma verbal de «poner el arnés» significa «preparar para el trabajo». Nuestras emociones pueden ser una prisión de esclavitud o un instrumento de poder. Mediante dos acciones, podemos ponerlas en funcionamiento en nuestra vida.

Controlar nuestras emociones

La palabra «poner el arnés» contiene la idea de un freno en la boca; un tomar las riendas. Muchas veces permitimos que nuestras emociones nos desboquen, como caballos en estampida. Tenemos que aprender a mantener las riendas de nuestras emociones firmemente agarradas. Eso significa que tenemos que constantemente tomar la decisión de entregarlas al control sobrenatural de Dios. Cuando lo hacemos, el Espíritu Santo le da poder a esa elección y produce un control sobrenatural en nuestro interior. «La mentalidad que proviene del Espíritu es vida y paz» (Romanos 8.6).

> Las emociones pueden ser
> peldaños o arena movediza.

Mi hijo es una persona sin complicaciones pero, a la misma vez, tiene carácter fuerte. Es difícil lograr que pierda los estribos. Allí es donde aparece su hermana. Danna es como una fiesta que busca un lugar donde poder festejar. Está llena de vida y de intensidad. Cuando eran más pequeños, hubo una época en que Danna estaba realmente haciendo que Jered reaccionara emocionalmente. Jered comenzó a tener problemas para controlar su enojo. De modo que inventamos una pizarra para la ira. Dan tomó una tabla de madera y cubrió toda la superficie con clavos incrustados hasta la mitad. Luego le dijimos a Jered que cada vez que se enojara y tuviera ganas de pegarle a algo o alguien, fuera al garaje, tomara su martillo, y le pegara a los clavos. Funcionó. Y Jered aprendió a controlar su ira de manera positiva, sin derramar sangre.

Todos necesitamos una pizarra de ira en nuestra vida. Quizás sea dar vueltas a la manzana o salir a caminar por un largo rato. Quizás sea limpiar la casa o pegarle a un saco de arena. Quizás sea estar a solas con Dios y volcar nuestras emociones delante de Él. Cuando escogemos controlar nuestras emociones, Dios nos brinda una pizarra de ira.

Utilizar nuestras emociones

Las emociones pueden ser peldaños o arena movediza. Todo depende de la manera en que las utilicemos e invirtamos nuestra energía emocional. Jesús nos muestra cómo utilizar las emociones de manera correcta. Cuando estaba en el templo y descubrió que los que cambiaban dinero estaban violando la casa de su Padre, se puso furioso. Las Escrituras nos dicen que se hizo a un lado y trenzó un látigo de cuerdas (Juan 2.15). ¿Por qué? No era porque estaba practicando una nueva técnica de trenzado. Pienso que estaba enojado y sabía que necesitaba unos pocos minutos para contener esa emoción. Una vez que tuvo su ira bajo control, una vez que logró ponerle el arnés, Jesús la utilizó para corregir un mal.

Jesús comenzó su victorioso trayecto hacia la cruz en el lugar llamado Getsemaní. Marcos 14 nos muestra que fue allí donde Él controló sus miedos. Ese miedo contenido se transformó en entereza. Y esa entereza produjo gozo. «Fijemos la mirada en Jesús, el iniciador y perfeccionador de nuestra fe, quien por el gozo que le esperaba, soportó la cruz» (Hebreos 12.2).

Nosotras escogemos dónde invertir nuestra energía emocional. Como Jesús, tenemos que sujetar nuestras emociones y utilizarlas como peldaños que nos lleven del mal al bien.

En los dos primeros capítulos, compartí detalladamente mi lucha con la depresión clínica. Fue la época más sombría de mi vida. Fue monstruosa y horrible. Sin embargo, considerando lo que Dios logró en mi vida a través de ella, mañana mismo estaría dispuesta a pasar por lo mismo. Se ha convertido en la base sobre la cual Dios construyó una nueva vida e identidad. El ministerio más poderoso y satisfactorio de mi vida ha fluido de ese pozo enlodado. He sido liberada de muchos temores y verdades falsas que me habían aprisionado durante demasiado tiempo. La presencia de Dios es más real y su poder más evidente. Él ha colocado esa oscuridad alrededor de mi vida como un cerco de protección, un sistema de alarma. Cuando siento que estoy cayendo en los patrones antiguos, desviándome peligrosamente hacia el borde de ese pozo demasiado familiar, sé que es el momento de detenerme. Algo está mal. Mi vida, en algún lugar, está fuera de equilibrio. Mi experiencia en la oscuridad ha abierto también toda un área de ministerio a personas que se encuentran batallando con la depresión. No se puede liderar allí donde no hayamos estado. Para poder entender a un habitante de pozos, tenemos que serlo también.

«Puso en mis labios un cántico nuevo, un himno de alabanza a nuestro Dios. Al ver esto, muchos tuvieron miedo y pusieron su confianza en el Señor» (Salmo 40.3).

Dios no sólo ha utilizado la oscuridad de la depresión para mi bien, sino también para el bien de los demás. Ese «himno de alabanza» fue compuesto para que otras personas pudieran escuchar acerca de su liberación. Para sujetar nuestras emociones, tenemos que controlarlas y luego utilizarlas.

Tercer paso: Equilibrar nuestras emociones

La salud emocional es como una cuenta bancaria. Los retiros y depósitos determinan el saldo. Para poder tener una vida equilibrada, tenemos que equilibrar nuestras emociones también.

Estemos concientes de nuestras extracciones emocionales

Ya hemos mencionado los retiros emocionales anteriormente. Y muchos de ellos son buenos y correctos. Muchos son saludables y decretados. Hace varios años, Dan y yo teníamos un amigo que era el pastor de una iglesia de rápido crecimiento. Un día, ese hombre joven apareció en la puerta de nuestra casa para contarnos que su esposa se estaba divorciando de él. De un solo golpe, él perdió su iglesia, su esposa y todas sus esperanzas. Durante semanas y meses nos pasamos horas enteras con este hombre destruido. Venía con frecuencia a nuestra casa y Dan hablaba con él por teléfono todos los días, aun cuando nos íbamos de vacaciones. ¿Acaso fue ésta una extracción emocional para Dan y para mí? Por supuesto que sí. Pero el invertir tiempo y amor en esta relación tan especial nos reabasteció. Hoy día, este hombre está felizmente casado, tiene dos hijos preciosos y es el pastor de una iglesia creciente. Yo creo que el tiempo que pasamos con él fue una extracción emocional que rindió grandes dividendos.

Sin embargo, hay extracciones emocionales que no son buenas ni correctas. Están muy lejos de ser saludables y ciertamente no las ha ordenado Dios. Un día, una mujer llamada Susana entró a nuestra iglesia. Era una prostituta, adicta a las drogas y al alcohol. Había hecho todo lo que se podía hacer en las calles de Fort Lauderdale para mantener su estilo de vida diabólico. La llevamos a Cristo y comenzamos a ayudarla a construir su nueva vida. Fue entonces que decidí discipularla. Durante meses, me pasé hora tras hora con ella enseñándole la Biblia y explicándole lo que significaba tener una relación personal con Dios. Me convertí en la persona que ella deseaba complacer. Me convertí en la persona que confrontaba el pecado en su vida. Me convertí en su salvadora personal. Y permítanme decirles, no soy una buena salvadora. Había muy poco crecimiento en la vida de Susana, y ella dependía enteramente de mí para sus necesidades espirituales.

Fueron las palabras de mi hija las que me abrieron completamente los ojos. Mientras Danna y yo esperábamos que Susana llegara a nuestra casa para nuestro estudio bíblico semanal, ella me preguntó suavemente: «Mamá, ¿por qué pasas más tiempo con Susana que conmigo?» Mi corazón se hundió en mi pecho. Traté de recuperarme con la explicación: «Cariño, Susana es un bebé en Cristo y estoy tratando de ayudarla». Danna pareció quedarse pensando en mi respuesta durante un instante, y luego se alejó diciendo: «No creo que esté ayudando mucho». Y ella tenía razón. Ese día, entregué a Susana a las manos del Salvador que realmente podía hacer algo con ella. Y ocurrió algo asombroso. La vida de Susana comenzó a cambiar, y ella comenzó a crecer verdaderamente en Cristo. Al poco tiempo, ella dependía de Dios en vez de depender de mí.

Tenemos un abastecimiento limitado de recursos emocionales. Tenemos que tener cuidado de invertirlos en los lugares donde realmente cuente y donde ocasione cambios. Algunas personas son como agujeros emocionales sin fondo. El enemigo nos envía gran cantidad de estas personas agotadoras para mantenernos ocupadas y exhaustas, creando un desequilibrio emocional. Tenemos que escoger con cuidado las cosas en las que invertir nuestra energía emocional.

Hagamos constantes depósitos emocionales

Proteger las extracciones emocionales en nuestra vida no es suficiente. Para poder tener un equilibrio emocional sano, tenemos que realizar constantes depósitos emocionales.

El depósito emocional más grande que podemos hacer es saturar nuestra vida con la Palabra de Dios. Es poderosa y nos cambia la vida. No da guía y consuelo, sabiduría y fortaleza, y se convierte en el «poste de apilamiento» de nuestra salud emocional.

Un día, Dan me pidió que llevara la furgoneta de la familia para que le colocaran nuevos neumáticos. Cuando entré al lugar de servicio, vi cientos de neumáticos tirados por todas partes. Era un desastre. Dejé la furgoneta y crucé la calle para ir a comer algo mientras instalaban los neumáticos. Cuando regresé, me sorprendí al encontrar todo ordenado y limpio. Le pregunté al capataz qué es lo que habían hecho con todas los neumáticos. Señaló hacia el garaje, donde pude ver todos los neumáticos ordenados según su tamaño. Habían tomado un neumático grande, habían rellenado el centro con cemento y habían colocado un poste de metal en él. Cuando se secó el cemento, los trabajadores deslizaron los neumáticos por el poste, creando una pila bien ordenada. La Palabra de Dios pone en orden nuestras emociones. Se convierte en el poste donde apilamos nuestras emociones.

Otro depósito emocional es la oración. Una vida de oración constante y efectiva nos estabiliza emocionalmente, como lo hace también la soledad. El estar a solas en oración permite que Dios nos renueve el espíritu y despeje nuestra mente.

Las relaciones que nos reabastecen son un maravilloso depósito emocional, y tenemos que asegurarnos de que nuestras amistades principales estén con aquellos que nos reabastezcan. Existen algunas personas que nos roban toda nuestra energía y nos dejan emocionalmente vacías. Tenemos que equilibrar esas relaciones agotadoras con aquellas que viertan vida en la relación de amistad.

La risa y la diversión depositan energía pura en nuestras cuentas bancarias emocionales. ¿Se han dado cuenta alguna vez lo bien que nos hace sentir la risa? Me refiero a reírse en serio: cuando nos doblamos en dos, nos corren lágrimas por las mejillas y nos reímos hasta que nos duele el estómago. Mi cuñada y su esposo se fueron un verano de vacaciones a Carolina del Norte. Regresaron trayéndome un obsequio. Era un letrero de madera que medía cinco pies y que decía: «Vive bien, ríe a menudo, ama mucho». Qué magnífico consejo.

Todas sabemos lo que es un cheque sin fondos, ¿verdad? Cuando nuestra cuenta bancaria no posee suficiente dinero en ella, los cheques rebotan. Quiere decir que hemos hecho demasiadas extracciones y no hemos hecho suficientes depósitos. Lo mismo ocurre con nuestra vida emocional. Tenemos que continuamente realizar suficientes depósitos de modo que las extracciones no produzcan una bancarrota emocional.

Una palabra de advertencia... si les brindan a ustedes la oportunidad de servir a los demás, antes de asentir, verifiquen el saldo en su cuenta emocional. Efesios 2.10 nos recuerda que «somos hechura de Dios, creados en Cristo Jesús para buenas obras, las cuales Dios dispuso de antemano a fin de que las pongamos en práctica». El ministerio más efectivo emana de una vida cuyo depósito supere las extracciones.

Cuarto paso: Rechazar las emociones malsanas

Hay una canción popular que dice: «Tenemos que saber cuándo jugar, saber cuándo retirarnos del juego». Hay una cierta verdad en esas palabras. A veces tenemos que dejar de sujetar una emoción y dejarla en libertad. Tenemos que soltar el enojo, el dolor o el miedo que nos hayan retenido. Tenemos que cortar las cuerdas que los aten a nuestro corazón y dejarlos ir.

Existen dos pasos importantes que podemos tomar para rechazar las emociones en nuestra vida que no sean dignas de la energía emocional que requieren.

Tenemos que hacernos cargo de nuestro espíritu

Primero, tenemos que encargarnos de nuestro espíritu. Esta verdad la encontramos ilustrada en el Salmo 103.1-2 donde David le dice a su espíritu lo que tiene que hacer. «Alaba, alma mía, al Señor; alabe todo mi ser su santo nombre. Alaba, alma mía, al Señor, y no olvides ninguno de sus beneficios». David le instruye literalmente a su alma que alabe a Dios. Él no espera a sentir deseos de alabar a Dios. Simplemente se hace cargo de su espíritu y le ordena que le dé alabanza a Dios. David está siendo obediente y enseña la verdad que la integridad emocional es un resultado de la obediencia espiritual. Hacerse cargo indica una decisión de nuestra voluntad; una acción deliberada.

Muchas veces no deseamos soltar las emociones negativas porque tenemos miedo. El dolor nos resulta familiar. Define quiénes somos. Jesús le preguntó al hombre en el estanque: «¿Quieres quedar sano?» (Juan 5.6). Siempre me pregunto por qué habría hecho Jesús esa pregunta tan extraña. El hombre había estado enfermo tanto tiempo que toda su identidad giraba alrededor de su enfermedad. ¿Quién sería aparte de esa enfermedad? A veces nos resulta más sencillo permanecer en la oscuridad que luchar para salir a la luz. Quizás sea porque la oscuridad se ha convertido en algo familiar. Se ha convertido en lo único que conocemos. Nos resulta más sencillo permanecer donde estamos. La parálisis se instala en nuestra vida. Pero Jesús nos llama a que nos sanemos emocionalmente haciéndonos cargo de nuestro espíritu.

Tenemos que proteger nuestra mente

Segundo, el rechazo de las emociones negativas exige que resguardemos nuestra mente. En 2 Corintios 10.4-5 se da una directiva poderosa:

> Las armas con que luchamos no son del mundo, sino que tienen el poder divino para derribar fortalezas. Destruimos argumentos y toda altivez que se levanta contra el conocimiento de Dios, y llevamos cautivo todo pensamiento para que se someta a Cristo.

Tenemos que proteger nuestra mente de las emociones negativas. «Llevar cautivo» es un término militar que describe la imagen de un guardia que está vigilando. Alguien tiene que colocar el guardia a la entrada de nuestra mente. Eso significa que tenemos que tomar una decisión. Si no prestamos atención y custodiamos su entrada, la mente puede convertirse en el campo de cultivo de emociones negativas.

Nosotros vivimos en una zona donde atracan constantemente grandes buques. Van y vienen desde puertos de todo el mundo. Cuando uno llega al puerto, se envía a bordo un equipo de inspección para determinar si existe algún tipo de contaminación. Si la hay, se pone al buque y todo su contenido en cuarentena hasta que lo limpien. Luego se envía otro equipo de inspección para examinarlo por segunda vez. Si está libre de toda contaminación entonces, y recién entonces, se le concede permiso de atracar. Tenemos que proteger nuestra mente, examinando cada pensamiento y emoción y rechazando todo aquello que intente contaminar nuestra vida.

Dios desea que seamos emocionalmente sanas. Eso puede ocurrir únicamente cuando nos rendimos a Él y aprendemos, mediante su poder, a controlar nuestras emociones.

9
Cómo Aprender a Ser Quiénes [Verdaderamente] Somos

menudo, la depresión proviene de la percepción equivocada de quiénes somos realmente. Desperdiciamos nuestra valiosa energía y fortaleza emocional fingiendo y tratando de obtener la aprobación de aquellos que consideramos importantes. Buscamos amor pero nos parece imposible comprender que alguien pueda ver algo en nosotras que sea digno de amar. Nos ponemos expectativas y metas que no son realistas, con la esperanza de que nuestros esfuerzos de perfeccionismo hagan que alguien nos vea como un éxito. Es un ejercicio inútil y pronto nos damos por vencidas, aceptando una vida de fracaso que es la que siempre supimos que merecíamos. El pozo de oscuridad está a un paso. La oscuridad es casi un alivio. Al menos, la batalla ha llegado a su fin, aun cuando hayamos sido derrotadas.

Les pido que me escuchen con atención. Ése no es el plan de Dios para nuestra vida. Él nos ha creado con un plan especial en mente. Él nos ama y desea que nosotras nos veamos como nos ve Él: a través de los ojos de un amor incondicional que nos transforma.

Un hombre visita un día al psicólogo local. El doctor le pregunta a qué se debe su visita. El hombre le dice: «Sufro de un complejo de inferioridad». Durante semanas enteras, el doctor le realiza todo tipo de pruebas. Cuando recopila los resultados, lo llama para darle un diagnóstico. El doctor le dice: «Tengo algunas noticias buenas y algunas malas. La buena noticia es que usted no tiene un complejo de inferioridad. La mala es que… usted es realmente inferior».

Muchas de nosotras somos como ese hombre. Se ha dicho: «Nadie nos puede hacer sentir inferiores sin nuestro permiso». Pero muchas de nosotras hemos permitido que los demás nos asignen una identidad que es falsa e ilusoria. Esa identidad se ha convertido en una prisión. Nos ha paralizado.

Tengo buenas noticias. Podemos descubrir quiénes somos realmente. Podemos descubrir la razón por la cual estamos aquí. Podemos ser todo aquello para lo cual fuimos creadas. En pocas palabras, Dios desea que aprendamos a ser nosotras mismas.

> Un sábado Jesús estaba enseñando en una de las sinagogas, y estaba allí una mujer que por causa de un demonio llevaba dieciocho años enferma. Andaba encorvada y de ningún modo podía enderezarse. Cuando Jesús la vio, la llamó y le dijo: —Mujer, quedas libre de tu enfermedad. Al mismo tiempo, puso las manos sobre ella, y al instante la mujer se enderezó y empezó a alabar a Dios. Indignado porque Jesús había sanado en sábado, el jefe de la sinagoga intervino, dirigiéndose a la gente: —Hay seis días en que se puede trabajar, así que vengan esos días para ser sanados, y no el sábado.
>
> —¡Hipócritas! —le contestó el Señor—. ¿Acaso no desata cada uno de ustedes su buey o su burro en sábado, y lo saca del establo para llevarlo a tomar agua? Sin embargo, a esta mujer, que es hija de Abraham, y a quien Satanás tenía atada durante dieciocho largos años, ¿no se le debía quitar esta cadena en sábado?
>
> Cuando razonó así, quedaron humillados todos sus adversarios, pero la gente estaba encantada de tantas maravillas que él hacía. (Lucas 13.10-17).

Podemos aprender a aceptar la evaluación que realiza Dios de nosotras. Podemos aprender a vernos como nos ve Él. Podemos aprender a permitir que su amor y misericordia nos liberen de aquellas cosas que nos atan. Él nos está aguardando, esperando que nos acerquemos a Él para poder convertirnos así en todo aquello que realmente somos.

Primer paso: Tenemos que darnos cuenta de que Jesús nos conoce y que, aun a pesar de ello, nos ama.

«Cuando Jesús la vio, la llamó y le dijo: —Mujer, quedas libre de tu enfermedad» (Lucas 13.12). Jesús conocía a esta mujer. Más allá de su dolor, Él miró las profundidades de su ser y vio quién era ella realmente y todo lo que ella podía ser. La podría haber llamado por su nombre, sin embargo dijo: «mujer». En ese nombre, Él incluyó toda su identidad: todo lo que ella era en ese momento, todo lo que había sido en el pasado, todo lo que esperaba ser en el futuro. Él conocía cada uno de los detalles de su vida, y Él la amaba. En Mateo 10.30, entendemos cuánto se preocupa por nosotras: «Él les tiene contados a ustedes aun los cabellos de la cabeza».

Antes del comienzo del mundo, nuestra identidad fue establecida en el corazón y la mente de Dios.

A esta mujer le habían asignado una identidad acorde a la enfermedad implacable que asolaba su cuerpo. Todos los que la conocían la identificaban por esa enfermedad. Su corazón tiene que haber estado repleto de sentimientos de ignominia. Me imagino que debía sentirse indeseada y despreciada. Se debe haber sentido como un don nadie. Pero Jesús la vio, la miró con ojos diferentes y la llamó para que se acercara a Él. Con una sola palabra, todo cambió y jamás sería igual. De repente, ella era alguien.

Allí estaba de pie, enferma y padeciendo un dolor que la obligaba a doblarse en dos. Imagínense lo que debe haber sentido cuando se dio cuenta de que Jesús le estaba hablando. Él la estaba llamando a ella, una paria. Y cuando ella escuchó su voz, escuchó algo que no había escuchado por mucho tiempo, o quizás nunca. Ella escuchó la voz poco conocida, pero tan anhelada, del amor.

Muchas de nosotras nos sentimos indeseables. Muchas de nosotras sentimos que nadie nos quiere. Podemos estar tranquilas: Dios nos conoce y nos ama tal cual somos, aquí mismo en medio de todo nuestro caos y enfermedad. ¡Escuchen! Él está llamando nuestro nombre. Uno de mis versículos favoritos de las Escrituras es Jeremías 1.5: «Antes de formarte en el vientre, ya te había elegido; antes de que nacieras, ya te había apartado».

Antes del comienzo del mundo, nuestra identidad fue establecida en el corazón y la mente de Dios. Antes de que fuéramos deseadas o no deseadas por el corazón humano, antes de que fuéramos planeadas o no planeadas por la mente humana, fuimos deseadas y planeadas en el corazón y la mente de Dios. Creadas por Dios… para Dios. ¡Ah! Eso hace que seamos importantes. Nosotras somos valiosas: y la simple razón, aunque casi increíble, es porque Dios nos creó.

Una de las maneras de juzgar el precio y el valor de un producto es evaluando quién fue que lo creó. Hace poco, cuando fui a comprar un sofá nuevo, recordé esa verdad. Nuestro sofá viejo estaba en pésimo estado. Hice una venta de garaje y saqué suficiente dinero como para poder ir a comprar un sofá nuevo. Entré a la mueblería con una cierta cantidad de dinero y una idea precisa de lo que deseaba, de modo que esquivé al vendedor y comencé mi búsqueda. Mis opciones se redujeron a dos sofás. Ambos estaban dentro del precio requerido y ambos lucirían bien en mi sala de estar. Con el rabillo del ojo pude ver que se acercaba el vendedor, oliéndose una venta. Antes de que pudiera decir una sola palabra, giré rápidamente y le dije: «Si yo fuera su esposa, ¿cuál de estos dos sofás me diría que compre?» Sin dudar un solo instante, él señaló uno de ellos. Curiosa, le pregunté: «¿Por qué escogió ése?» Él se encogió de hombros y me respondió: «Es fácil. Es una marca de confianza que usted reconocería y además está fabricado con calidad. El otro es una simple imitación barata. Siempre tiene que mirar la etiqueta».

Miren nuestra etiqueta que se encuentra en el Salmo 139.13-16:

> Tú creaste mis entrañas; me formaste en el vientre de mi madre. ¡Te alabo porque soy una creación admirable! ¡Tus obras son maravillosas, y esto lo sé muy bien! Mis huesos no te fueron desconocidos cuando en lo más recóndito era yo formado, cuando en lo más profundo de la tierra era yo entretejido. Tus ojos vieron mi cuerpo en gestación: todo estaba ya escrito en tu libro; todos mis días se estaban diseñando, aunque no existía uno solo de ellos.

Cuando aprendemos a ser nosotras mismas, reconocemos la verdad de que Él nos conoce y nos ama.

Segundo paso: Tenemos que dejar algunas cosas atrás

Sin duda, Jesús podría haber sanado a la mujer de Lucas 13 allí mismo donde ella estaba parada. En cambio, «cuando Jesús la vio, la llamó» (versículo 12). Tiene que haber existido un motivo para hacerlo. Creo que Jesús deseaba que ella dejara algunas cosas atrás. Cuando Él la llamo, la mujer tuvo que tomar una decisión. Podía escoger quedarse donde estaba, en la oscuridad que había sido su hogar durante tanto tiempo. Esa opción no parecía demasiado buena. O podía escoger dejar de lado el peso de su lucha y acercarse a un Salvador con amor en sus ojos y esperanza en sus manos, que le ofrecía un nuevo comienzo, una nueva identidad en Él. En el momento que tomó el primer paso comenzó a sanarse. Fue un paso de fe y obediencia. Ella puso de lado todo y avanzó hacia la salud, intercambiando su prisión por la libertad; oscuridad por luz.

Admiro las personas que corren maratones. Tengo varias amigas que salen a correr con frecuencia y que verdaderamente disfrutan la emoción de una carrera. Yo me limito a ser una excelente animadora.

Ahora imaginen conmigo una carrera donde los participantes lucen el mejor atuendo para correr. Todos se alinean en la línea de partida. A último momento llega un nuevo participante. Está vestido con un traje cubierto por un impermeable, en caso de que se desate una tormenta. Está calzado con pesadas botas de trabajo y lleva un paraguas colgado de su cuello. En una mano lleva una caja con su almuerzo y en la otra, una botella de agua. Sus bolsillos están llenos de aspirinas, ungüentos para dolores musculares, curitas y un medicamento para la acidez estomacal. ¿Cómo piensa correr la carrera?

Es ridículo, ¿no les parece? Y sin embargo, nosotras intentamos vivir la vida cargadas por muchas cosas que nos impiden correr. Hebreos 12. 1 nos dice: «despojémonos del lastre que nos estorba, en especial del pecado que nos asedia, y corramos con perseverancia la carrera que tenemos por delante». ¿Cuáles son algunos de los lastres que tenemos que dejar de lado?

El peso del pasado

Esta mujer tenía que estar dispuesta a dejar de lado su pasado y acercarse a Jesús con fe. Nosotras podemos permitir que nuestro pasado nos derrote o podemos contenerlo y utilizar su poder para nuestra vida hoy. Existe realmente una sola opción saludable: tenemos que lidiar con él y luego seguir caminando. Pablo lo dice de la siguiente manera: «Una cosa hago: olvidando lo que queda atrás y esforzándome por alcanzar lo que está delante, sigo avanzando hacia la meta para ganar el premio que Dios ofrece mediante su llamamiento celestial en Cristo Jesús» (Filipenses 3.13-14). Tenemos que vivir la vida esforzándonos por alcanzar el premio. Para aprender a ser nosotras mismas, tenemos que olvidar lo que fue y esforzarnos por alcanzar lo que puede ser.

El peso del pecado

Tenemos que llevar un registro breve de nuestros pecados. Cuando permitimos que el pecado se acumule en nuestra vida, sentimos condena. Le damos entrada a la culpa y ésta comienza su labor destructiva. Pero Dios tiene un plan para nuestro pecado. Isaías 1.18 promete: «¿Son sus pecados como escarlata? ¡Quedarán blancos como la nieve! ¿Son rojos como la púrpura? ¡Quedarán como la lana!» En el Salmo 103.12, descubrimos que «tan lejos de nosotros echó nuestras transgresiones como lejos del oriente está el occidente».

Hace algunos años, Dan y yo fuimos a Washington, D.C., a liderar un avivamiento para jóvenes en una iglesia coreana. Al final de la semana, una señora de la iglesia nos invitó a cenar. Fuimos a un maravilloso restaurante, muy caro. Al final de la comida, ella procedió a pagar la cuenta. Vi que le hablaba al dueño del restaurante, y me di cuenta de que estaba muy molesta. Temí que no tuviera suficiente dinero, pero cuando regresó a la mesa, me asombró su explicación. Nos dijo que un miembro de la iglesia había venido, nos había visto cenando juntos, y había pagado la cuenta. Ella estaba molesta porque no había tenido el honor de pagar nuestra comida. El gerente se disculpó, pero le dijo que no podía aceptar su pago porque ya alguien había pagado la cuenta.

Nosotras queremos seguir pagando por nuestro pecado, cuando lo único que tenemos que hacer es aceptar el perdón de Dios y dejarlo atrás.

El peso de las cosas buenas

Algunas de nosotras tenemos que dejar atrás algunas cosas que son buenas. Las cosas buenas nos pueden distraer de aquello que es aún mejor. Podemos estar tan ocupadas haciendo lo bueno, que perdemos de vista lo primordial para nuestra vida. La historia de María y Marta en Lucas 10 ilustra esta verdad. Marta estaba tan ocupada sirviendo que perdió la oportunidad de disfrutar la presencia de Jesús en su casa. Pero su hermana María se tomó el tiempo de sentarse a sus pies. A veces las cosas buenas que estamos haciendo con tanto empeño nos apartan de aquellas cosas que son de vital importancia para nosotras.

Tercer paso: Tenemos que guardar un sueño en nuestro corazón

«Un sábado Jesús estaba enseñando en una de las sinagogas, y estaba allí una mujer que por causa de un demonio llevaba dieciocho años enferma» (Lucas 13.10-11). Esta mujer tenía motivos para darle la espalda a Dios. Pero, ¿dónde la encontramos? Está en la sinagoga. Estoy segura de que habían llegado noticias de Jesús a la ciudad. Me imagino que ella había probado todos los remedios posibles para su enfermedad. Nada había dado resultado. Pero quizás esta vez...

Ella seguía buscando la libertad. Seguía manteniendo sus esperanzas y sueños. Era su sueño lo que le daba la fortaleza para seguir caminando erguida a través de sus temores y dudas, camino a los brazos de Dios y su plan. Muchas de nosotras perdimos nuestra esperanza y sueños porque vivimos nuestro plan, no el plan de Dios. Él es el hacedor de sueños, y Él tiene un plan para cada problema. Ese plan puede ser la liberación de ese problema. Ese plan puede ser liberación en medio del problema. Sea como sea, su plan es bueno. «Porque yo sé muy bien los planes que tengo para ustedes afirma el Señor, planes de bienestar y no de calamidad, a fin de darles un futuro y una esperanza» (Jeremías 29.11).

¿Cómo descubrimos ese plan? Tenemos que comenzar leyendo el Libro de Planeamiento. El año pasado, cuando mi hijo estaba en medio de las prácticas de fútbol de verano, se fue temprano una mañana anticipando contento su primera escaramuza verdadera. Regresó a casa, ensopado en sudor y disgustado con algunos de sus compañeros. Le pregunté por qué y me dijo que, debido a que ellos no habían estudiado el manual de juego y no sabían cuales eran las rutas por donde debían correr, la práctica había sido un desastre total. Me resulta asombroso que nos sorprendamos de los desastres que ocurren en nuestra vida cuando no hemos estudiado el Libro de Planeamiento y, como resultado, no sabemos qué camino tomar. Si conectamos la Palabra de Dios a nuestra vida de manera constante, veremos cómo se desarrolla el plan.

La oración es una parte importante para descubrir el plan de Dios para nuestra vida. Dios tiene mayores deseos de mostrarnos ese plan que nosotras de enterarnos cuál es. Le tenemos que preguntar. Tenemos que pasar tiempo de rodillas y sabremos cuál es el plan.

Una manera también útil de descubrir el plan de Dios es redactando una declaración de nuestra misión. Después de orar y colmar nuestra vida con su verdad, tenemos que tomar asiento y pedir a Dios que nos muestre cuál es la misión que tiene para nuestra vida. Tenemos que hacernos estas preguntas:

- ¿Cuál es el centro de mi vida?

- ¿Cuáles son las cinco cosas que deseo lograr en mi vida?

- ¿Qué estoy haciendo que tenga valor eterno?

- ¿Dónde puedo invertir mi tiempo y energía de modo que tengan un mayor impacto?

- ¿Qué sueño del tamaño de Dios estoy soñando en este momento?

Yo soñaba poder ministrar a mujeres que estuvieran sufriendo. Hoy, tengo la oportunidad de viajar por toda América del Norte y del Sur, enseñando y compartiendo mi experiencia con los demás. El Señor me ha dado un ministerio mediante cintas grabadas y ustedes tienen en sus manos mi primer libro. Todos estos sueños eran del tamaño de Dios.

La mejor parte de vuestro ser tiene un sueño. No teman soñarlo. No teman vivirlo. Y si uno de vuestros sueños ha muerto, sueñen otro. Guarden un sueño en vuestro corazón.

Cuarto paso: No desperdiciemos nuestro dolor

Dios utiliza vidas quebrantadas. Él brilla mejor a través de la gente quebrantada y son ellos quiénes más lo atraen. Ernest Hemingway lo dijo de la siguiente manera en Adiós a las armas: «El mundo quebranta a todos y algunos son más fuertes en los lugares del quebranto».

El día que la mujer enferma vino a la sinagoga, Jesús miró la multitud. Probablemente había muchas otras mujeres allí. Jesús conocía a cada una de ellas. Ahora, si yo hubiera estado en su lugar y hubiera tenido que elegir a alguien, hubiera escogido a una ganadora. Estoy tan agradecida por su elección. Él podría haber elegido la más bella o la más talentosa, pero escogió la más quebrantada. Ella se había negado a desperdiciar su dolor, y éste se convirtió en el sendero que la llevó directamente a Jesús. Nuestro dolor nos puede llevar también a Él.

Pablo nos recuerda que vivimos «en vasijas de barro para que se vea que tan sublime poder viene de Dios y no de nosotros» (2 Corintios 4.7). Dios ha siempre utilizado vasos rotos para llevar a cabo sus mayores obras. Incluso envolvió a su Hijo perfecto en una vasija de barro y luego lo utilizó para cambiar el mundo.

No desperdiciemos nuestro dolor. Dios no lo hace. Él conoce nuestro dolor. Él sabe lo que estamos sintiendo. Nosotros pensamos que nadie entiende. Pensamos que nadie escucha nuestro llanto en la oscuridad de esa fosa. Pero Él lo hace. «Toma en cuenta mis lamentos; registra mi llanto en tu libro. ¿Acaso no lo tienes anotado?» (Salmo 56.8).

Recibimos dolor con su permiso. En cada pena hay un propósito. C. S. Lewis dice que «Dios susurra en nuestros placeres, habla en nuestra conciencia, grita en nuestro dolor». Como dice Bárbara Johnson: «El dolor es inevitable pero la miseria es optativa».

El dolor acarrea consigo una opción:

- Una opción en la actitud
- Una opción en la dirección
- Una opción de victoria o derrota
- Una opción de amargura o dulzura

¿Qué han hecho ustedes con su dolor?

Durante muchos años, Dan ha servido como entrenador de fútbol de nuestros niños. Durante uno de los partidos, un muchacho del otro equipo le dio un codazo a Danna en el pecho. Ella se acercó a la zona que rodea el campo de juego llorando. Dan la estaba consolando y tratando de calmar. Con sus dientes apretados, ella dijo: «Voy a regresar allí y le voy a dar unos buenos puñetazos». A mí me pareció una muy buena idea. Por fortuna, su padre no estuvo de acuerdo con ella y le hizo una pregunta. «Danna, ¿deseas realmente desquitarte?» Por supuesto que eso era lo que deseaba. «Déjame que te diga cómo hacerlo. Los dos equipos tienen igual número de goles y faltan sólo dos minutos para que termine el partido. Regresa allí, defiende tu lugar y ayúdanos a ganar». Ella regresó al campo de juego, y con apenas 30 segundos de juego, nuestro equipo metió el gol ganador. Danna aprendió cómo se puede usar el dolor para bien.

Háganse estas preguntas:

- ¿Qué lección aprendí?

- ¿Me ayudó a ser más fuerte?

- ¿Me ha hecho más sensible al dolor ajeno?

- ¿Ha cambiado la dirección de mi vida?

- ¿Me ayuda a sanarme?

- ¿Me ha hecho clamar a Dios?

- ¿Me ha hecho crecer?

Oswald Chambers dijo: «¿Por qué Dios trae nubes de tormenta y desastres cuando lo que deseamos son verdes pastos y aguas tranquilas? Poco a poco descubrimos, detrás de las nubes, los pies del Padre; detrás del relámpago, un día eterno que no tiene noche; detrás del trueno, un suave murmullo que reconforta con un consuelo imposible de explicar». No desperdiciemos nuestro dolor.

Quinto paso: Tenemos que ser pacientes

Esta mujer lisiada había estado enferma durante dieciocho años. ¡Hablemos de paciencia! Cuando le pido a Dios que me dé paciencia, digo algo similar a esto: «Querido Dios, hazme más paciente, y podrías por favor apurarte?» Me contaron que un joven cristiano fue a un creyente de más edad para pedirle que orara por él. «¿Podría por favor pedirle a Dios que me dé paciencia?» fue su pedido. Se pusieron juntos de rodillas y el hombre mayor comenzó a orar. «Señor, te pido que le envíes problemas a este joven en la mañana. Luego, envíale más problemas por la tarde. Y a la noche...» Llegados a ese punto, el joven cristiano exclamó: «¡No! Usted no me ha entendido. Yo no deseaba que usted orara por problemas. Yo deseaba que usted orara por paciencia». El sabio anciano le contestó: «No comprendes. Son los problemas los que nos enseñan a ser pacientes».

Es imposible tener un verdadero encuentro con el Dios viviente y no ser transformadas.

Convertirnos en lo que Dios desea que seamos lleva tiempo y esfuerzo. Nos duele que Dios nos pode, pero lo necesitamos para crecer. «El que comenzó tan buena obra en ustedes la irá perfeccionando hasta el día de Cristo Jesús» (Filipenses 1.6). En ocasiones, no podemos ver su obrar y nos impacientamos. Durante esos momentos, tenemos que escuchar con atención para oír su voz.

Esta mujer estaba doblada en dos. No podía ver al Señor, pero podía escucharlo. Amo la canción que dice: «Cuando no puedas ver su mano, confía en su corazón». Qué gran verdad. Seamos pacientes. Él hará que seamos todo aquello que se supone que seamos. Oswald Chambers dijo que «Dios diseña nuestras circunstancias de la misma manera que diseñó las de su Hijo; lo único que tenemos que hacer es ir al lugar donde nos coloque. La mayoría de nosotros estamos ocupados tratando de emplazarnos a nosotros mismos. Mientras que nosotros lo esperamos, Dios altera las cosas». Tengamos paciencia. Él no ha terminado aún.

Sexto paso: Practiquemos la alabanza

«Al mismo tiempo, puso las manos sobre ella, y al instante la mujer se enderezó y empezó a alabar a Dios» (Lucas 13.13). Es imposible tener un verdadero encuentro con el Dios viviente y no ser transformadas. Cuando nos encontramos con Dios, cuando toca nuestra vida, cuando descubrimos quién desea que seamos, lo alabaremos. Fuimos creadas para alabarlo. «Sea alabado el nombre del Señor, porque él dio una orden y todo fue creado» (Salmo 148.5).

Muchas veces sentimos que no tenemos nada que celebrar. No entendemos el verdadero significado de la alabanza. La palabra alabanza viene del latín y significa «valor» o «valía». De modo que alabar a Dios significa celebrar su valía, su valor... su presencia. «Canten a Dios, canten salmos a su nombre; aclamen a quien cabalga por las estepas, y regocíjense en su presencia. ¡Su nombre es el Señor!» (Salmo 68.4).

La alabanza no es optativa. La alabanza es esencial. Es una demostración de confianza y la aceptación de una circunstancia sin insistir en que Dios la cambie. Cuando alabamos a Dios, estamos poniendo nuestra confianza en Él y caminamos con obediencia.

Fanny Crosby perdió la vista cuando era pequeña porque un médico colocó el medicamento equivocado sobre sus ojos. Ella tenía opciones. Podía amargarse y llenarse de enojo. Pero eligió en cambio alabar a Dios y se pasó toda la vida escribiendo la letra de más de ocho mil canciones de alabanza. La Srta. Crosby demostró la verdad de que el acto más sublime de alabanza es ser lo que Dios desea que seamos. Practiquemos la alabanza.

Séptimo paso: Tenemos que extender una mano a los demás

Lucas 13.12 implica una verdad importante que nos ayuda a descubrir quiénes somos: «Cuando Jesús la vio, la llamó y le dijo: — Mujer, quedas libre de tu enfermedad».

La libertad tiene una responsabilidad. Cuando somos puestas en libertad, tenemos que mostrar a los demás dónde pueden encontrar esa misma libertad.

> Alabado sea el Dios y Padre de nuestro Señor Jesucristo, Padre misericordioso y Dios de toda consolación, quien nos consuela en todas nuestras tribulaciones para que con el mismo consuelo que de Dios hemos recibido, también nosotros podamos consolar a todos los que sufren (2 Corintios 1.3-4).

Los gansos no gozan de una gran reputación. Son bastante feos y ordinarios en comparación con las demás aves. La única vez al año que la gente los nota es cuando emigran. Entonces es fácil poder ver que son un equipo de vuelo de precisión que, juntos, pueden volar un setenta por ciento más que si lo hicieran solos. El ganso que va liderando el grupo corta la resistencia del aire, lo cual le abre camino a los dos gansos que vienen detrás de él. También, sus alas batientes les facilitan el vuelo a los que lo siguen. Los gansos se turnan para liderar. Los que están cansados van en los bordes de la «V» para tomar un respiro. Los que están más descansados se mueven hacia la punta de la «V». Si un ganso está demasiado cansado o enfermo y tiene que apartarse del grupo, jamás lo abandonan. Un ganso más fuerte se queda con el débil hasta que éste se encuentre nuevamente en condiciones de poder volar.

Si los gansos son lo suficientemente sabios como para ayudarse los unos a los otros, estoy segura de que nosotras podemos hacerlo también.

Un último pensamiento

Cuando pasó el Huracán Andrew por nuestra zona, el daño que sufrimos fue pequeño en comparación con el que sufrieron muchos otros. Sin embargo, perdimos varios árboles grandes. Uno de los árboles del jardín del frente quedó parcialmente destruido, y todos los que lo vieron nos aconsejaron que lo cortáramos. Dijeron que estaba demasiado dañado y que nunca se volvería a componer. Pero a Dan le encantan los desafíos. Él vio algo en ese árbol que nadie veía. Apuntaló el árbol con maderas y le cortó las ramas muertas.

Hoy, si ustedes pasaran por esa casa, el árbol más frondoso y bello del jardín es el árbol que todos decían que no servía más. El árbol que jamás hubiera logrado sobrevivir sin un gran apoyo está pujante.

Jesús ve algo en nosotras que nadie más puede ver. Y Él desea darnos el poder hoy mismo para que comencemos el trayecto de aprender a ser nosotras mismas.

10
Cómo Entablar Amistades

as amistades son la base de toda relación sana. Todas nosotras necesitamos amigos, y todas necesitamos aprender cómo ser buenas amigas. La gente sin amistades saludables tiene muchas mayores posibilidades de experimentar depresión. La persona que lucha con la depresión necesita un sólido equipo de amigos como apoyo.

Yo entré al pozo de mi depresión sola, con amistades nuevas. Yo me casé con mi mejor amigo, pero al poco tiempo me di cuenta de que no podía esperar que Dan satisficiera todas mis necesidades emocionales. Me aislé con mi dolor, y no lo compartí con nadie más que con él. Cuando una está sola, la oscuridad es un lugar temible. Sin embargo, existía mucha gente que hubiera ingresado a mi vida como amigos, si se los hubiera permitido.

Sentada en la oscuridad, anhelaba una verdadera amiga, un alma gemela con quien poder ser yo misma. Poco a poco me di cuenta de que para tener esa clase de amistades, uno necesita ser esa clase de amiga. No tenía idea por dónde comenzar. Dios comenzó a guiarme dulcemente en su verdad sobre la importancia de los amigos.

En ese pozo, flotaron algunos pensamientos al azar sobre la amistad:

- Cuando estamos en un aprieto, los buenos amigos nos traen lo que necesitamos

- Los amigos son aquellas personas que saben todo respecto a nosotras y sin embargo nos aman.

- Mensaje en una galletita china: «Tú eres del agrado de un pequeño grupo selecto de personas algo confundidas».

- Un amigo es: un empujón cuando nos hemos detenido; una palabra cuando estamos solas; una guía cuando estamos buscando; una sonrisa cuando estamos tristes; una canción cuando estamos alegres.

La amistad es la plataforma de lanzamiento de todos los amores de nuestra vida y la base de todas las relaciones saludables. En su libro: The Broken Heart: The Medical Consequences of Loneliness (El corazón quebrantado: Las consecuencias médicas de la soledad), el Dr. James J. Lynch muestra que la gente solitaria vive mucho menos tiempo que el resto de la población. Es un hecho simple que todos nos necesitemos los unos a los otros. Necesitamos tener amigos.

Existen muchos niveles diferentes de amistad. Hay amigos que sólo vemos de vez en cuando. Hay amigos con quienes compartimos las cosas importantes de la vida. Luego hay amigos con quienes compartimos cada ínfimo detalle. Todas esas amistades son necesarias y buenas.

Es importante comprender que también existen diferentes estaciones de la amistad. A veces, las amistades cambian con las estaciones de nuestra vida. Pero aún necesitamos amigos, y siempre necesitaremos diferentes clases de amistades.

Uno de los retratos más hermosos de amistad en la Biblia se encuentra en el libro de Rut. Es la historia de Noemí, una mujer piadosa. Ella estaba casada y tenía dos hijos casados. Todos vivían en la tierra de Moab. Allí fallecieron el esposo y ambos hijos de Noemí, dejando a las tres mujeres solas: Noemí y sus nueras, Rut y Orfa. Como no tenía ni alimentos ni dinero, Noemí deseaba regresar a Belén, su pueblo natal.

Camino a Belén, Noemí se detuvo y les dijo a Rut y Orfa que regresaran a sus casas, porque allí ellas tendrían la oportunidad de volver a casarse y comenzar una vida nueva. Rut y Orfa pusieron objeciones, pero Noemí insistía. Nos podemos imaginar la escena: las tres mujeres, paradas en la mitad del camino, llorando.

Orfa se despidió de Noemí con un beso y regresó a su casa, pero Rut se negó rotundamente a dejar a Noemí. Ésta era más que una suegra. Era su amiga.

> Pero Rut respondió: «¡No insistas en que te abandone o en que me separe de ti! Porque iré adonde tú vayas, y viviré donde tú vivas. Tu pueblo será mi pueblo, y tu Dios será mi Dios. Moriré donde tú mueras, y allí seré sepultada. ¡Que me castigue el Señor con toda severidad si me separa de ti algo que no sea la muerte!» Al ver Noemí que Rut estaba tan decidida a acompañarla, no le insistió más (Rut 1.16-18).

Noemí estaba asombrada ante el amor y la lealtad de Rut. De modo que Rut y Noemí viajaron juntas a Belén y comenzaron una nueva vida. Fue en Belén donde Rut conoció a un hombre joven llamado Booz. Se casaron y tuvieron un hijo que más tarde se habría de convertir en el abuelo del rey David.

La verdadera amistad lleva tiempo.

Tan sólo piensen en ello. Rut, una gentil de un país extranjero, se convirtió en parte del linaje de Cristo Jesús, el Hijo de Dios. ¿Por qué? Porque Rut fue leal. Porque Rut fue una amiga. ¿No les gustaría tener una amiga como ella? ¿No les gustaría ser esa clase de amiga?

Esta preciosa historia de amistad nos ofrece varias claves que abrirán el cerrojo que encierra el secreto de las amistades sanas.

Primera clave: El tiempo

Rut prometió: «Iré adonde tú vayas, y viviré donde tú vivas» (Rut 1.16). Ella estaba dispuesta a entregar su vida por su amistad con Noemí. Emerson escribió: «Cuidamos nuestra salud, acumulamos dinero, nos aseguramos de tener un techo y suficiente ropa, pero ¿quién provee con sabiduría para no carecer de lo más importante de todo: amigos?»

La verdadera amistad lleva tiempo. La amistad exige cultivo, atención y el establecimiento de prioridades en la relación. La amistad no ocurre porque sí y tampoco la va a depositar el cartero delante de nuestra puerta de entrada. Tenemos que crear un estilo de vida que permita que dispongamos de tiempo para tener amigos. El tiempo que pasemos con ellos crea un «banco de recuerdos». De ese banco podemos realizar extracciones cuando lo necesitemos. El tiempo es un don invalorable y comunica poderosamente amor. Cuando damos treinta minutos de nuestro tiempo, damos treinta minutos de nuestra vida. Ese don de nuestro tiempo exige planeamiento y, a menudo, un sacrificio de nuestros propios planes.

Rut estaba dispuesta a sacrificar no sólo sus propios planes para el presente, sino también, como un precioso regalo, dejó de lado todo su futuro en bien de la amistad. En un mundo donde todo se arregla en un segundo, tenemos que darnos cuenta de que la amistad requiere tiempo. La profundidad de la amistad depende de cuánto tiempo podamos y estemos dispuestas a invertir.

En un capítulo previo, mencioné a mi amiga Michelle Johnson. Ella es el ejemplo perfecto de alguien que está dispuesto a invertir tiempo en una amistad. Cuando compartí mi depresión con ella por primera vez, inmediatamente decidió cuál sería su rol en mi vida. No esperó que yo le pidiera ayuda. No hizo una pausa para calcular el costo de ser mi amiga. Simplemente ingresó sin reservas a mi vida y comenzó a caminar a mi lado a través de esa fosa horrible y enlodada. Me compraba los comestibles. Buscaba la ropa en la tintorería. Escuchaba durante horas mientras yo hablaba sobre todo, o nada. Oraba y lloraba conmigo. Me hacía reír y me cuidaba como una gallina cuida a sus pollitos. Hoy día, su amistad es inmensurable. Todo debido al tiempo que invirtió en mí.

Segunda clave: Los riesgos

Rut estaba dispuesta a arriesgar su futuro para serle leal a Noemí. Con el tiempo, me he dado cuenta de que no existe amor sin riesgos. «Nadie tiene amor más grande que el dar la vida por sus amigos» (Juan 15.13). Cuando damos la vida, corremos el riesgo de que nos rechacen y nos lastimen. A veces nos pueden malentender e incluso traicionar.

Nunca tuve mano para las plantas, pero en Clinton, Mississipi, tenía una vecina que sí la tenía. Cultivaba las rosas más bellas del mundo. Caían sobre nuestro cerco formando un arco iris de colores: rosadas, amarillas, rojas y blancas. En la tarde, cuando mis niños se levantaban de la siesta, nos dirigíamos al jardín de atrás de nuestra casa donde ellos jugaban y yo charlaba con mi vecina. Cuando ella trabajaba con sus rosales, siempre tenía puestos unos pesados guantes gruesos para protegerse de las espinas. Pero, de vez en cuando, se quitaba los guantes y me mostraba donde le había dejado una marca alguna espina, aún a pesar de tener los guantes puestos. Un día, mi hijo vio su lastimadura y le preguntó por qué le gustaban esas flores tan malas que le daban «inyecciones». Ella se rió y le preguntó a Jered: «¿Te parece que mis flores son bonitas?» Luego le explicó: «Yo también pienso que lo son. Es más, son tan bonitas que a veces hasta me olvido que ellas me lastiman las manos. Sólo trato de poner atención cuando las cuido para que no me lastimen demasiado». La amistad es igual. Nos traerá penas y una que otra lastimadura. Pero la belleza de la amistad merece una lesión ocasional. Si manejamos las amistades con cuidado y respeto, las lastimaduras serán escasas.

Es importante que amemos y celebremos nuestras amistades, pero no podemos esperar que nuestros amigos sean los responsables de nuestra felicidad. Cristo Jesús es el único amigo que nunca nos decepcionará ni lastimará. Tenemos que esperar que todos los demás lo hagan.

Tengo una amiga que no puede guardar secretos. Ella lo haría todo por mí, excepto quedarse callada la boca. Sin embargo, porque la amo y no deseo descartarla como amiga, he sencillamente aprendido a tener cuidado con lo que comparto con ella. Todas las amistades involucran un costo, un riesgo.

Pedro nos recuerda que «el amor cubre multitud de pecados» (1 Pedro 4.8). El amor tiene en cuenta los defectos de la debilidad humana. El amor se extiende sobre esas faltas y decide amar de todas maneras. El amor siempre implica un riesgo.

Tercera clave: El perdón

Noemí era la suegra de Rut. Noemí era una mujer que amaba y servía a Dios. Uno de sus hijos se había casado con Rut, quien no adoraba a Dios. Sin embargo, ellos se amaban profundamente. El perdón tenía que ser parte de esa relación. El perdón tiene que formar parte de todas las amistades.

El perdón es nuestra responsabilidad. Dios se ocupa de sanar las heridas. En Colosenses 3.13, la orden es «que se toleren unos a otros y se perdonen si alguno tiene queja contra otro. Así como el Señor los perdonó, perdonen también ustedes». Tolerar a los demás es aguantarlos; aceptarlos a ellos y sus defectos; amarlos tal como son. Y, como si eso no fuera suficiente, el versículo prosigue diciéndonos que lo hagamos así como lo hizo Jesús. Eso significa que, al perdonar, tenemos que tomar la iniciativa, apresurándonos a dar y recibir perdón.

El perdón es siempre una opción intencional, una actitud escogida, una disciplina del corazón y la voluntad. Me encanta una cita de Clara Barton, la fundadora de la Cruz Roja en los Estados Unidos. Es un hermoso ejemplo del mejor perdón posible. Una amiga de la Srta. Barton le recordó cierta vez un acto especialmente cruel que alguien había cometido contra ella varios años antes. La Srta. Barton, sin embargo, actuó como si no recordara el incidente. «¿No recuerdas?», le preguntó su amiga. «No», le respondió Clara Barton. «Recuerdo muy bien habérmelo olvidado». Las buenas amistades practican el perdón.

Cuarta clave: La transparencia

Rut demuestra una transparencia asombrosa cuando dice: «Iré adonde tú vayas, y viviré donde tú vivas. Tu pueblo será mi pueblo, y tu Dios será mi Dios» (Rut 1.16). La apertura y la honestidad alimentan la amistad. Nos sentimos atraídos a las personas que son transparentes porque ellas son auténticas. No hay sorpresas en ellas: no hay minas ocultas en la tierra.

Una de las cualidades más atractivas de Jesús fue que Él vivía en medio de la vida de sus discípulos. Comía con ellos, oraba con ellos, lloraba con ellos, se reía con ellos. Una y otra vez, Él se abría con ellos. En Juan 15.15, vemos esa transparencia: «Ya no los llamo siervos, porque el siervo no está al tanto de lo que hace su amo; los he llamado amigos, porque todo lo que a mi Padre le oí decir se lo he dado a conocer a ustedes». Jesús tomó la decisión de ser transparente. ¿Lo lastimaron... traicionaron... rechazaron? Sí. Pero aún hoy día, Él espera ser el amigo más transparente y auténtico que hayamos tenido jamás. Para ser un amigo, se tienen que derribar las murallas, tenemos que quitarnos los antifaces, y tenemos que estar dispuestas a dejar que las personas ingresen en nuestra vida.

Antes de ir a Flamingo, yo tenía unas pocas amigas íntimas. Pero, una vez que llegamos allí, Dan y yo tomamos la decisión de ser transparentes. Como resultado de ello, tuve más amigas que nunca. ¿Me lastimaron? ¿Me timaron? Sí, así fue. ¿Valió la pena? Por supuesto que sí. Recuerden, la herida ocasional vale la pena para obtener la belleza de una verdadera amistad. La amistad exige transparencia.

Quinta clave: El toque

Rut 1.9 nos dice que Noemí besó y abrazó a cada una de sus nueras. El contacto físico es un poderoso elemento para comunicar amor. Si pudiéramos seguir a Jesús en su ministerio, veríamos la demostración de esta verdad. Mateo 8.3 nos dice que Jesús «extendió la mano y tocó al hombre [con lepra]». En Marcos 10.16, Jesús «los bendecía [a los niños] poniendo las manos sobre ellos». Él conocía el poder del contacto físico.

En este mundo, existen diversos grados de comunicación mediante el contacto físico. Un abrazo, una palmada en la espalda, un apretón de manos son puntos de conexión que pueden dar ánimo y comunicar el poderoso mensaje del amor a los demás. Sin embargo, tenemos que ser sensibles al nivel de comodidad de los demás y respetar sus límites emocionales.

Un grupo de estudiantes de medicina estaban capacitándose en el pabellón de pediatría de un gran hospital. Un estudiante en particular era especialmente querido por todos los niños. Cuando él entraba, se les iluminaba el rostro. Los otros estudiantes de medicina no podían entender la razón. Una noche, ellos decidieron seguirlo mientras éste hacía sus rondas. Cuando examinó el estado de los niños en su ronda final, por fin se dieron cuenta. Este joven estudiante de medicina le daba a cada niño un beso de buenas noches. Efesios 2.14 dice que Cristo derribó el muro de enemistad que nos separa. Hay veces en que podemos derribar muros mediante un abrazo, una mano sobre el hombro o un beso en la mejilla. El contacto es una clave poderosa de la amistad.

Sexta clave: La corrección

Noemí le dijo a Rut que regresara a su pueblo natal. Rut la amaba demasiado como para obedecerle: «Al ver Noemí que Rut estaba tan decidida a acompañarla, no le insistió más» (Rut 1.18). Las amistades saludables tienen que poseer corrección. Un verdadero amigo pone nuestro bien por encima del riesgo de que nos enojemos o lo rechacemos. El Proverbio 27.6 es un versículo poco común: «Más confiable es el amigo que hiere que el enemigo que besa». La herida es la corrección o confrontación dada con amor y preocupación. El silencio equivale a estar de acuerdo. A veces, el silencio es lo mismo que contemplar calladas como se dirige nuestra amiga hacia un precipicio. Tenemos que aprender a confrontar con amor. Y cuanto más dura sea la verdad, tanto más amor tenemos que utilizar para decirla. Las correcciones tienen que ser dadas siempre con suavidad y por la justa razón. El motivo correcto es siempre la restauración. Renee y Sharon son dos amigas que saben hacerlo a la perfección. Me vigilan como dos halcones. Si presienten que estoy estresada o cargada de trabajo, me llaman por teléfono o vienen a mi casa. No tienen ningún problema en mirarme a los ojos y decirme: «¿Estás haciendo ejercicio todos los días? ¿Estás demasiado ocupada? Te ves cansada. Estás haciendo demasiado y necesitas descansar». Sé que son mis amigas porque ambas están dispuestas a corregirme con amor.

Las amistades saludables pueden soportar cambios.

Séptima clave: La libertad

Las amistades más sanas son aquellas en las cuales cada persona le otorga a la otra persona suficiente espacio para crecer y cambiar en vez de insistir en que permanezcan igual. «[El amor] no es egoísta» (1 Corintios 13.5). La relación especial que tenían Rut y Noemí demuestra por cierto esta cualidad. Noemí estaba dispuesta a permitir que Rut comenzara toda una vida nueva… sin ella. Mientras caminaban rumbo a Belén, estoy segura de que ambas sentían que el futuro era muy incierto. Ellas sabían que habría cambios, pero ninguna de las dos mujeres sabía qué ocurriría o qué les exigiría a cada una de ellas. Las amistades saludables pueden soportar cambios. Noten que Noemí les dio a sus dos nueras la libertad de marcharse. Rut permaneció con ella, pero Orfa regresó a su casa. Y cuando lo hizo, Noemí no criticó ni condenó su decisión de hacerlo. Si una de las personas dentro de una amistad cambia, toda la relación cambia. Las amistades tendrían que estar atadas con un material elástico que siempre permita y conceda espacio para el crecimiento y el cambio. Las amistades pueden ser fácilmente destruidas por los celos, ya que los celos surgen de las expectativas poco realistas y el espíritu posesivo. Los amigos tienen que concederse mutuamente espacio y libertad.

Octava clave: La lealtad

Rut y Noemí eran leales la una a la otra. Orfa se fue a casa y Rut se quedó. Las Escrituras nos dicen que ésa fue la cualidad de Rut que atrajo a Booz. En Rut 2.11, Booz dice: «Ya me han contado le respondió Booz todo lo que has hecho por tu suegra desde que murió tu esposo; cómo dejaste padre y madre, y la tierra donde naciste, y viniste a vivir con un pueblo que antes no conocías». Estaba impresionado con Rut y su lealtad.

La lealtad es una de las claves más importantes de una amistad saludable. El Proverbio 17.17 nos dice que «en todo tiempo ama el amigo». ¿Saben acaso lo que significa «todo» en el hebreo original? Significa todo. Los verdaderos amigos están dedicados el uno al otro todo el tiempo. Su compromiso no oscila cuando cambia la audiencia, existen problemas o abundan los conflictos.

Aquí les presento algunas maneras prácticas de demostrar lealtad a sus amigas:

- Nunca las critiquen frente a los demás

- Celebren sus éxitos

- Compartan sus cargas

- Acéptenlas tal cual son

- Ayúdenlas a levantarse cuando se caigan

- Siempre estén dispuestas a escuchar

- Denles ánimo

- Protejan sus amistades con lealtad.

Novena clave: La acción

Rut no demostró su amor por Noemí únicamente con sus palabras, sino también con sus acciones. Fue con ella a Belén. Trabajó en los campos con ella. Las mejores amistades se crean mediante múltiples capas de acciones generosas. Las palabras son buenas, pero la prueba está en el hacer.

En 1 Juan 3.18 se nos dice que «no amemos de palabra ni de labios para afuera, sino con hechos y de verdad». Aquí hay algunas acciones que podemos realizar como amigas.

Tradiciones

Las tradiciones son uno de los ingredientes más importantes de las amistades sólidas. Puede tratarse de un almuerzo semanal o ir a tomar un café juntas todos los días; ir de compras a su galería comercial favorita o a cenar y al cine todos los primeros sábados del mes. Las mujeres de los pastores de nuestra iglesia tratan de cenar juntas de manera regular. Hay veces que hacemos tanto ruido que casi nos han echado de varios restaurantes. Nos encanta disfrutar esos momentos. Las tradiciones crean recuerdos que se acumulan y estimulan la amistad.

Mi madre era una enfermera. Cada tarde venía a casa del trabajo, se cambiaba de ropa y lavaba su uniforme a mano en el fregadero de la cocina. Mientras que estaba allí parada, miraba por la ventana a la Sra. Chism, nuestra vecina. La Sra. Chism, al ver a mi mamá junto al fregadero, cruzaba el terreno vacío que separaba nuestra casa de la de ella, golpeaba a nuestra puerta y entraba para tomar un refresco y charlar. Era una tradición diaria que era parte de su amistad.

Obsequios

El dar obsequios es una acción maravillosa dentro de una amistad. Esto incluye todo tipo de regalos. El obsequio no tiene que ser grande ni caro. Es simplemente un símbolo del tiempo, energía y dedicación que le damos a un amigo. Podría ser una nota o una tarjeta cómica, un imán de adorno para colocar sobre el refrigerador o un dulce favorito. El mejor regalo que le podemos dar a una amiga somos nosotras mismas. Los favores mutuos, los mandados, o tan sólo una llamada para decir «hola» son todas pequeñas declaraciones de amor y son especialmente importantes en momentos de crisis.

Tengo una amiga llamada Bonnie que vive en Brandon, Florida. No nos vemos muy a menudo, pero hemos sido amigas durante veinte años.

La quiero y sé que ella me quiere a mí. El papá de Bonnie había estado muy enfermo y se estaba muriendo de cáncer. Nos llegó una llamada telefónica para avisarnos que sólo le quedaban unas pocas horas de vida. Bonnie, sabiendo lo ajetreada que es nuestra vida, no nos pidió que viniéramos, pero Dan y yo sabíamos que ella nos necesitaba. Reservamos un vuelo para esa misma tarde. Cuando llegamos, entramos tranquilamente a la casa. Cuando Bonnie llegó, estábamos sentados en el sofá. Nunca podré olvidarme de la expresión en su cara o de las palabras que me dijo mientras se ponía a llorar. «Nunca, nunca sabrás lo que esto significa para mí».

A veces, los amigos que están sufriendo no pueden pedir ayuda. Cuando presientan una necesidad, satisfáganla.

Palabras

Efesios 4.29 dice: «Eviten toda conversación obscena. Por el contrario, que sus palabras contribuyan a la necesaria edificación y sean de bendición para quienes escuchan».

Las palabras de una verdadera amiga edifican. Tenemos que tener cuidado con nuestras críticas. Siempre las tenemos que pronunciar a solas, cara a cara. Por otro lado, tenemos que ser generosas con nuestro estímulo. Y no sólo decirlo en voz alta, sino que también tenemos que ponerlo por escrito.

Cuando mi hijo tenía diez años, me dio una caja como obsequio para el Día de la Madre. Él la había construido solo y la había pintado de azul. Yo tengo esa caja en mi dormitorio en un lugar especial, no sólo porque Jered la construyó para mí, sino porque sirve un propósito muy importante. Cada nota de estímulo que recibo va a parar a esa caja azul. Cuando me siento desanimada o triste, tomo algunas de esas notas y las leo. Nunca dejan de alegrarme. Primera Tesalonicenses 5.11 nos dice «anímense y edifíquense unos a otros». La palabra «animar» significa «inspirar valentía» o «dar coraje». Las amigas buscan razones mutuas para alabar a Dios. Ellas aprovechan cada oportunidad para depositar bravura en la vida de sus amigas. Las amigas iluminan las buenas cualidades y minimizan las malas.

Las palabras de una verdadera amiga son sensibles. Esto es lo que significa «estar sintonizadas» con lo que sienten nuestras amigas. Es ser auténticas y cariñosas. Brenda es una amiga de esa clase. Un domingo, Brenda y yo nos cruzamos en las escaleras de la iglesia. Ambas estábamos apuradas y no saludamos de la manera típica: «Hola» y «¿Cómo estás?» Brenda se detuvo en la mitad de la escalinata, me miró y me dijo: «Me doy cuenta de que algo te tiene mal. ¿Te puedo ayudar?» Nos refugiamos en un rincón y le compartí una carga que creía tener cuidadosamente oculta. Ella oró por mí y me dio un abrazo. Luego nos fuimos cada una por su lado. Toda esa interacción duró apenas cinco minutos pero, gracias a su sensibilidad, tuve el estímulo para seguir adelante. Tomemos el tiempo necesario para ser sensibles a las necesidades de nuestras amigas.

Escuchar

Escuchar, por definición, significa «atención, con la intención de comprender». Santiago 1.19 nos dice que «todos deben estar listos para escuchar, y ser lentos para hablar». Existe una razón por la cual tenemos dos oídos y una sola boca. Tenemos que escuchar el doble de lo que hablemos.

Rut y Noemí eran grandes amigas. En parte se debía al hecho de que ambas eran muy buenas escuchadoras. Rut escuchaba los consejos de su suegra. Yo hago lo mismo con la mía. Escucho todo lo que ella dice, ¡y luego decido qué hacer!

Jesús era un oyente extraordinario. Con sus preguntas, Él lograba que la gente se abriera. A veces, lo mejor que puede hacer un amigo es ofrecer un oído y un corazón atentos. Pongamos de lado los sermones, retengamos nuestros consejos, y limitémonos a escuchar.

Un último pensamiento

Todas tenemos que aprender a ser buenas amigas. Dios no nos creó para que fuéramos islas. Nos creó para amarnos los unos a los otros. Juan 13.34-35 nos dice el por qué: «Este mandamiento nuevo les doy: que se amen los unos a los otros. Así como yo los he amado, también ustedes deben amarse los unos a los otros. De este modo todos sabrán que son mis discípulos, si se aman los unos a los otros». ¿Acaso se da cuenta el mundo que somos sus discípulas gracias a la manera en que nos amamos las unas a las otras, por la manera en que nos relacionamos... por nuestra amistad?

El pequeño Carlos era un niño tímido y callado. Un día, regresó a casa y le dijo a su mamá que deseaba escribir una notita del Día de San Valentín a cada uno de sus compañeros de clase. El corazón de su mamá dio un vuelco. Pensó: «Cuánto desearía que no lo hiciera». Ella había observado a los niños cuando regresaban a casa de la escuela. Su Carlos siempre iba detrás. Ellos se reían y se abrazaban y hablaban entre ellos. Pero jamás lo incluían a Carlos.

La mamá de Carlos decidió ir adelante con los planes de su hijo. Compró papel, goma de pegar y lápices de colores. Durante tres semanas enteras, noche tras noche, Carlos creó trabajosamente 35 notitas de San Valentín. Por fin llegó ese día y Carlos estaba loco de entusiasmo. Con cuidado, apiló sus notas, las colocó en una bolsa y corrió hacia la puerta. Su mamá decidió hornear sus bizcochos favoritos para que comiera al regresar de la escuela. Ella sabía que él estaría desanimado; quizás con eso lograría apaciguar su dolor. Le dolía pensar que su hijo no recibiría demasiadas notas; quizás ninguna. Esa tarde, ella tenía los bizcochos y un vaso de leche preparados sobre la mesa. Cuando escuchó voces, miró por la ventana. Como siempre, allí venían, riéndose y divirtiéndose. Y, como siempre, allí estaba Carlos caminando detrás. Pero estaba caminando un poco más rápido de lo usual. Ella esperaba que él comenzara a llorar no bien entrara a casa. Ella notó que los brazos de su hijo estaban vacíos y, cuando se abrió la puerta, tuvo que tragarse sus propias lágrimas. «Mamá te preparó unos bizcochos calientes y un vaso de leche», le dijo. Pero él apenas escuchó lo que ella le decía. Tan sólo avanzó caminando, con el rostro iluminado, y todo lo que decía era: «Ni uno solo; ni uno solo». Su corazón dejó de latir. Y luego su hijo añadió: «No me olvidé de ninguno, Mamá, de ninguno».

Así es cuando Dios es quien controla nuestras amistades.

11
Cómo Aprender el Secreto de la Satisfacción

abía una vez un granjero que había vivido en la misma granja toda la vida. Era una buena granja pero, con el correr de los años, el granjero comenzó a cansarse de ella y anhelaba un cambio, algo «mejor». Todos los días le encontraba algún nuevo defecto a su granja, hasta que por fin se decidió a venderla. Recurrió a una agente de bienes raíces quien rápidamente diseñó un folleto de ventas, poniendo énfasis en las virtudes de la granja: la ubicación ideal, equipo moderno, ganado sano, acres de suelo fértil. Pero antes de colocar el aviso publicitario, ella lo llamó al granjero y se lo leyó para que lo aprobara. Mientras ella leía, el granjero escuchaba. Cuando la agente terminó de leer, él gritó: «¡Detenga todo! He cambiado de idea. No voy a vender. Toda mi vida he buscado un lugar como ése para vivir».

Muchas de nosotras estamos constantemente buscando algo «mejor». En la profundidad del alma, deseamos algo más. No estamos satisfechas. Y debido a que la depresión florece en el descontento, tenemos que aprender a encontrar satisfacción en la vida diaria. ¿Cuál es el secreto del contentamiento?

Para responder esa pregunta, nos dirigimos una vez más a Pablo, un hombre en la Biblia que poseía todas las razones necesarias para estar insatisfecho. Él escribió la carta a los filipenses desde la prisión, donde aguardaba juicio y se enfrentaba a una posible ejecución. Era viejo, estaba solo y lo habían golpeado brutalmente, incluso apedreado, por su fe en Cristo Jesús. Su salud era mala y estaba casi ciego. Y, sin embargo, a través de la oscuridad de su dolor, Pablo exclama lleno de alegría: «He aprendido a estar satisfecho en cualquier situación en que me encuentre» (Filipenses 4.11).

> Pongan en práctica lo que de mí han aprendido, recibido y oído, y lo que han visto en mí, y el Dios de paz estará con ustedes. Me alegro muchísimo en el Señor de que al fin hayan vuelto a interesarse en mí. Claro está que tenían interés, sólo que no habían tenido la oportunidad de demostrarlo. No digo esto porque esté necesitado, pues he aprendido a estar satisfecho en cualquier situación en que me encuentre. Sé lo que es vivir en la pobreza, y lo que es vivir en la abundancia. He aprendido a vivir en todas y cada una de las circunstancias, tanto a quedar saciado como a pasar hambre, a tener de sobra como a sufrir escasez. Todo lo puedo en Cristo que me fortalece.

Juntas, observaremos los seis pasos que nos ofrece Pablo para descubrir el secreto del contentamiento.

Primer paso: Escoger obediencia

Cuando una compañía compra otra compañía, a menudo vemos un letrero que dice: «Bajo nueva gerencia». Cuando invitamos a Cristo a apoderarse de nuestra vida, nos colocamos bajo una nueva administración: la dirección de Cristo Jesús. Él es un jefe bondadoso. Administra nuestra vida con amor. «Hoy mismo el Señor ha declarado que tú eres su pueblo, su posesión preciosa, tal como lo prometió. Obedece, pues, todos sus mandamientos» (Deuteronomio 26.18).

Bajo su dirección amorosa y paciente, emerge su plan para nuestra vida a medida que nos entregamos a Él. Es un plan maravilloso. Es el mejor plan, el plan más alto diseñado por Aquél que nos ha creado; el que nos conoce y nos ama más que nadie.

Sin embargo, el plan no sirve a menos que tomemos la decisión de seguirlo todos los días. Dios no nos obligará a seguir el plan. No es un dictador, sino un Padre que nos ama. En Deuteronomio 30.19, Moisés reveló el deseo del corazón de Dios: «Hoy pongo al cielo y a la tierra por testigos contra ti, de que te he dado a elegir entre la vida y la muerte, entre la bendición y la maldición. Elige, pues, la vida, para que vivan tú y tus descendientes».

Nuestra decisión de obedecer nos garantiza contentamiento porque, cuando elegimos obedecer, nos colocamos al amparo de su protección, poder y propósito.

Un piloto recién diplomado estaba volando su avión particular sobre un cielo con nubes. No tenía demasiada experiencia en aterrizajes con instrumentos. Cuando empeoró la tormenta, se dio cuenta de que la torre de control lo tendría que traer a la pista de aterrizaje. Comenzó a pensar en todas las colinas y los edificios muy altos que había en la zona. Comenzó a sentir pánico. Por la radio, una voz calma pero severa le ordenó: «Sólo obedezca las instrucciones. Nosotros nos ocuparemos de las obstrucciones».

Dios ve lo que nosotras no podemos ver. Él sabe lo que yace más adelante. Su Palabra es el manual de instrucciones para nuestra vida, el mapa de carreteras para el viaje, el plano a medida mediante el cual construimos y crecemos. Si deseamos obedecer a Dios, tenemos que saturar nuestra vida con su Palabra. Eso significa escucharla, recibirla, aprenderla, verla y cumplirla. Santiago nos insta a recordar que el mensaje que Dios ha plantado en nuestro corazón es un mensaje que tenemos que obedecer, y no limitarnos a escucharlo: «No se contenten sólo con escuchar la palabra, pues así se engañan ustedes mismos. Llévenla a la práctica» (Santiago 1.22).

La obediencia pone a Dios en libertad para que obre en nuestra vida. La obediencia trae paz a nuestro corazón. La obediencia trae contento. La desobediencia es la enemiga de la satisfacción, porque es pecado. Cuando celebramos el pecado y nos rehusamos a abandonarlo, no podemos tener alegría.

Vance Havner, un conocido maestro de la Biblia, dijo: «No podemos quebrantar las leyes de Dios; nos quebrantamos en contra de ellas». Hablamos mucho, pero ¿cuál es la realidad de nuestra obediencia espiritual? Hablamos de la oración, pero nunca oramos. Afirmamos que la Biblia es el mensaje poderoso de Dios que nos cambia la vida, pero nunca la leemos. A menudo, criticamos a los demás y encontramos defectos en su vida porque la misma debilidad reside en nosotras. Ignoramos a la gente necesitada que nos rodea a menos que haya una audiencia que aplauda nuestra generosidad. Cantamos en voz alta sobre nuestro gran amor por Dios, pero negamos su existencia en la manera en que tratamos a nuestra familia. No alcanza con conocer la verdad. Somos necias si realmente pensamos que Dios está impresionado por nuestro conocimiento de la verdad. Dios se complace cuando practicamos la verdad.

> En las circunstancias de nuestra vida,
> tenemos que buscar las huellas
> de las manos de Dios.

Jesús dijo: «Si ustedes me aman, obedecerán mis mandamientos» (Juan 14.15). Escojamos obedecer. La obediencia trae alegría.

Segundo paso: Comprender que Dios está constantemente obrando

En Filipenses 4.10 existe una verdad importante que sería fácil pasar por alto: «Me alegro muchísimo en el Señor de que al fin hayan vuelto a interesarse en mí. Claro está que tenían interés, sólo que no habían tenido la oportunidad de demostrarlo». La verdad es que Dios está siempre obrando a nuestro alrededor. A veces podemos ver su obra, pero muchas veces, no. Las circunstancias de Pablo no demostraban por cierto que Dios estuviera obrando. Pablo escribe: «Claro está que tenían interés, sólo que no habían tenido la oportunidad de demostrarlo». Aun cuando Pablo no pudiera ver a Dios, sabía que Él estaba obrando. Sabía que la ayuda estaba en camino. Así que permaneció firme, a la espera de Dios. Examinó cada circunstancia, comprendiendo que ésta ya había pasado por las manos de su Padre antes de llegar a su vida. Qué alegría saber que toda circunstancia o persona que ataque nuestra vida tiene que pedir permiso a Dios para hacerlo. Pablo estaba observando y esperando ver la mano de Dios en acción. Y Dios no le falló.

En las circunstancias de nuestra vida, tenemos que buscar las huellas de las manos de Dios. Al buscarlo, estaremos más concientes de su presencia. Con Dios no existen los accidentes; sólo los encuentros divinos trazados por nuestro Padre celestial. Cada uno de ellos tiene la finalidad de probar el profundo amor que nos tiene. Cada uno está orquestado para mostrar su provisión para sus ovejas. Esa interrupción de la que nos quejamos; esa intromisión que resentimos, puede quizás ser una oportunidad eterna enviada por Él.

El Salmo 32.8 registra la promesa que nos ha dado Dios: «Yo te instruiré, yo te mostraré el camino que debes seguir; yo te daré consejos y velaré por ti». Dios es nuestro proveedor. La palabra «proveedor» proviene de dos vocablos latinos: «pro», que significa «antes» y «video», que significa «ver». En otras palabras, Dios ve las cosas de antemano. Está obrando constantemente, arreglando las circunstancias y ordenando nuestros pasos de modo que podamos satisfacer su plan perfecto para nuestra vida.

Dios hizo que la iglesia de Filipos se preocupara por las necesidades de Pablo. Esa inquietud llegó en un momento en el que Pablo necesitaba su amor más que nunca. Dios siempre llega cuando más lo necesitamos. Él es el Buen Pastor que satisface cada una de las necesidades de las ovejas indefensas que dependen de Él.

En Juan 10.4 hallamos una hermosa imagen de la provisión de Dios: «Cuando ya ha sacado a todas las que son suyas, va delante de ellas, y las ovejas lo siguen porque reconocen su voz». El pastor siempre camina delante de sus ovejas. Va delante de ellas. Nuestro Padre, nuestro Pastor, nuestro Proveedor, camina delante de nosotras, preparando el camino. Va delante y nos lidera personalmente a través de cada valle y a través de cada montaña de nuestra vida. Está en cada mañana, trabajando y preparando esas circunstancias que habremos de experimentar. Aun cuando no lo podamos ver, Él puede sin duda vernos a nosotras. Y, llegado el momento, prefiero que Dios me pueda ver a mí, en vez de insistir en poder verlo yo a Él.

Me encanta la esperanza que encontramos en 2 Crónicas 16.9: «El Señor recorre con su mirada toda la tierra, y está listo para ayudar a quienes le son fieles». Es la esperanza y expectación de una niña que está mirando y esperando, anhelando ver a su Padre en cualquier momento. Si aprendemos a vivir la vida con esta perspectiva de buscar la presencia de Dios en todas las circunstancias, encontraremos satisfacción.

Tercer paso: Invertir nuestra vida en los demás

Cuando invertimos nuestra vida en los demás, encontramos alegría y satisfacción. Pablo había dado su vida en servicio a los demás. Su mayor alegría era servir a Jesucristo. Antes de tener su encuentro con Cristo, Pablo había sido un maestro y un hombre de gran influencia. Pero el mayor título que jamás se otorgó a sí mismo fue el de «siervo». «Pablo, siervo de Cristo Jesús, llamado a ser apóstol, apartado para anunciar el evangelio de Dios» (Romanos 1.1). Primero un siervo, y luego un apóstol apartado para el evangelio. La gente a quien servía se convirtió en su familia y, a la vez, lo servían a él, orando por él, dándole estímulo y satisfaciendo sus necesidades físicas.

Había un niño pequeño en un gueto que creía en Dios. A menudo, sus amigos se burlaban de él, preguntándole: «Si Dios te ama, ¿por qué no se hace cargo de ti? ¿Por qué no le dice a alguien que te traiga zapatos y un abrigo? ¿Dónde está la buena comida que le has estado pidiendo?» El pequeño pensó durante un momento. Luego, con lágrimas en sus ojos, dijo suavemente: «Pienso que le dice a alguien que lo haga. Pero esa persona se olvida».

Muchas de nosotras hemos olvidado que Dios nos ha salvado para servir a los demás, no para estar sentadas y anquilosarnos. El servicio no es una opción para los cristianos. Es una orden. Es un llamamiento sagrado y una fuente de gozo. Las personas más contentas que conozco son aquellas que sirven a los demás. Han encontrado cómo canalizar su servicio. Han descubierto sus dones y los están utilizando con alegría. Es una paradoja en la vida cristiana que cuanto más damos, más recibimos. En Mateo 23.11 se enfatiza la importancia de ser un siervo: «El más importante entre ustedes será siervo de los demás».

El suelo de Israel es mayormente seco. Los pocos lagos y ríos en la tierra son las fuentes más importantes de agua. El río Jordán es la fuente de agua para el Mar de Galilea y el Mar Muerto. El Jordán fluye del monte Hermón en una corriente de agua clara y pura. El Mar de Galilea es un lugar hermoso porque tiene una salida. Reúne las riquezas del agua y luego las vierte nuevamente para fertilizar las planicies del río Jordán. Pero con esas mismas aguas, el Mar Muerto crea una devastación total. Porque no tiene salida, las aguas del Mar Muerto no dan vida.

Cuando acumulamos de manera egoísta las riquezas que nos ha dado Dios y nos convertimos en «conservadoras» en vez de «dadoras», seremos desdichadas en nuestro egocentrismo. El contentamiento nos eludirá [Nota: creo que hay un error tipográfico en el texto, ya que dice «allude» y no «elude» que es como yo lo he traducido ya que tiene más sentido]. El propósito más alto de nuestra vida es que Dios nos utilice para hacer mella en la vida de los demás. Además, Él está más preocupado por nuestra disponibilidad que por nuestra capacidad. Quizás descubramos un ministerio de visita a personas hospitalizadas, cuidando niños, animando a los que están solos o escribiendo notas de estímulo. Si deseamos estar contentas, busquemos oportunidades de darnos a los demás.

Cuarto paso: Decidirnos a practicar una actitud de agradecimiento

Pablo tenía todo el derecho del mundo a estar enojado con Dios. Después de todo, Pablo había sido fiel. Había sacrificado mucho y soportado mucho dolor. Y, sin embargo, el tema subyacente de este pasaje es la gratitud. Es una actitud que Pablo escogió. Es una perspectiva adquirida. Dicho en otras palabras, Pablo está diciendo que todas las experiencias de su vida, tanto buenas como malas, le habían enseñado a estar contento. «No digo esto porque esté necesitado, pues he aprendido a estar satisfecho en cualquier situación en que me encuentre» (Filipenses 4.11).

La palabra «satisfecho» puede definirse mejor como «contenido». No dejen de ver esto. Pablo se había capacitado a sí mismo para concentrarse en sus recursos interiores, los recursos que contenía su corazón más que las circunstancias externas de su vida. Él había escogido la gratitud. Eligió alabar a Dios... pase lo que pase. En 1 Tesalonicenses 5.18, percibimos esa determinación: «Den gracias a Dios en toda situación, porque esta es su voluntad para ustedes en Cristo Jesús».

Existe un antiguo poema que capta bien esa idea.

Me alegro al saber
Que no hay aceite sin exprimir las aceitunas,
No hay vino sin prensar las uvas,
No hay fragancia sin machacar las flores,
Y no hay verdadero gozo sin penas.

Pablo sabía que podía confiar en Dios. Estaba seguro de que Dios no le fallaría. ¿Por qué? Porque Dios nunca le había fallado.

Me encantan las garantías de devolución de dinero. Hace poco tiempo compramos un automóvil para reemplazar una camioneta que teníamos con 125,000 millas. Nuestras primeras vacaciones en el coche nuevo fueron un desastre. Ya el primer día comenzamos a tener problemas. Cuando regresábamos a casa, nos detuvimos en cuatro ciudades diferentes, tratando de encontrar un mecánico que pudiera arreglarlo. Nadie pudo explicar ni encontrar el problema. No hace falta decir que no estábamos muy felices. Pero, cuando llegamos a casa y nos pusimos en contacto con la concesionaria, nos dijeron que debido a la garantía del automóvil, nos podían devolver nuestro dinero o cambiar ese coche por otro. Eso me hizo muy feliz.

> Cuando nuestro corazón esté lleno de gratitud, encontraremos satisfacción.

¿Sabían ustedes que todas las promesas de Dios vienen con una garantía de devolución de dinero? Aquí está en el Salmo 138.2: «Quiero ponerme de rodillas y orar mirando hacia tu templo; quiero alabarte por tu constante amor. Por sobre todas las cosas, has mostrado tu grandeza, has hecho honor a tu palabra» (BLS). Bueno, allí tenemos algo por lo cual estar agradecidas.

La gratitud no sólo aporta satisfacción, sino que trae perseverancia y produce fortaleza. Dios nos confía pruebas, dándonos la oportunidad de escoger gratitud. Cuando los mares están calmos y los cielos están despejados es muy fácil practicar el agradecimiento. La verdadera prueba de gratitud es en medio de las mayores tormentas de nuestra vida.

La gratitud envuelve la confianza. Contiene el elemento de la aceptación. La gratitud entiende que Dios es soberano y que sus caminos no son los nuestros. Habrá momentos en que no podremos comprender su proceso, pero siempre podemos confiar en su corazón.

En el África hay una fruta llamada «fresa gustativa». Cuando la comemos, nos cambia las papilas gustativas de modo que a partir de ese momento todo sabe bueno y dulce. La gratitud es la «fresa gustativa» en nuestra vida espiritual. Cuando nuestro corazón esté lleno de gratitud, encontraremos satisfacción. Escojamos practicar el agradecimiento.

Quinto paso: Cuidarnos de la codicia

«Sé lo que es vivir en la pobreza, y lo que es vivir en la abundancia. He aprendido a vivir en todas y cada una de las circunstancias, tanto a quedar saciado como a pasar hambre, a tener de sobra como a sufrir escasez» (Filipenses 4.12). Uno de los mayores enemigos de la satisfacción es la codicia. Un vendedor estaba tratando de vender un refrigerador a un ama de casa. «Señora, usted puede ahorrar con la comida y comprárselo». El ama de casa le respondió: «Con el dinero que nos ahorramos del pasaje de autobús, nos estamos comprando un automóvil. La máquina de lavar la ropa la pagamos con el dinero que nos ahorramos del lavadero. Estamos pagando por un televisor con el importe de las entradas al cine al que no vamos más. No creo que podamos ahorrar ya más dinero que ése».

Primera Timoteo 6.17 nos advierte sobre la vida dedicada a acumular bienes materiales: «A los ricos de este mundo, mándales que no sean arrogantes ni pongan su esperanza en las riquezas, que son tan inseguras, sino en Dios, que nos provee de todo en abundancia para que lo disfrutemos». Habitamos en un mundo impulsado por las «cosas». No importa cuánto tengamos. Nunca es suficiente. El mundo nos dice que cuanto más tengamos, tanto más exitosos somos. Pablo dijo que su contentamiento no dependía de las «cosas». Él había experimentado tanto abundancia como pobreza, pero había aprendido a encontrar satisfacción en ambas circunstancias. Pablo afirma que sus circunstancias lo introducen a la verdad de que la verdadera satisfacción no tiene nada que ver con la prosperidad o la pobreza.

Tenemos que comprender que la codicia no se trata siempre de bienes materiales. A veces deseamos los dones, talentos, habilidades o recursos de las demás personas. Quizás nos sintamos impulsadas a tener lo mejor y ser las mejores. Nos resulta difícil relajarnos y apreciar quiénes somos y lo que tenemos. Jesús nos advierte en Lucas 12.15: «¡Tengan cuidado! —advirtió a la gente—. Absténganse de toda avaricia; la vida de una persona no depende de la abundancia de sus bienes». Las riquezas que nuestro Padre desea que disfrutemos son mucho mejores que el simple dinero o las cosas transitorias. «Manténganse libres del amor al dinero, y conténtense con lo que tienen, porque Dios ha dicho: "Nunca te dejaré; jamás te abandonaré"» (Hebreos 13.5). Eso es una fortuna.

¿Cuán importantes son nuestros bienes? ¿Cómo los percibimos? Howard Hendricks es un excelente maestro de la Biblia. Él y su esposa estaban cenando con un hombre muy rico, pero muy humilde, de una prestigiosa familia. Él le preguntó al hombre: «¿Cómo hizo para criarse con tanta riqueza y no estar consumido por el materialismo?» El hombre le contestó: «Mis padres me enseñaron que todo lo que se encuentra en nuestra casa es un ídolo o una herramienta». Qué magnífica perspectiva. La mejor manera de cuidarnos de la avaricia es considerar que nuestros bienes son herramientas y recursos que Dios nos ha prestado para que los dispersemos. No nos aferremos a ellos. Tenemos que invertirlos en las cosas que sean personas eternas y Palabra de Dios.

> Mándales que hagan el bien, que sean ricos en buenas obras, y generosos, dispuestos a compartir lo que tienen. De este modo atesorarán para sí un seguro caudal para el futuro y obtendrán la vida verdadera (1 Timoteo 6.18-19).

He aprendido que es imposible dar más que Dios. Pero, cuando lo intentamos, la codicia se desvanece. Cuando practicamos su manera de dar, estamos haciendo depósitos en los cielos y obteniendo la vida verdadera. Para descubrir la satisfacción nos tenemos que cuidar de la codicia.

Sexto paso: Contar con los recursos de Dios

La fortaleza y satisfacción de Pablo provenían de una fuente que le era ajena. «Todo lo puedo en Cristo que me fortalece» (Filipenses 4.13). Pablo invirtió en una relación personal: una relación íntima con Cristo Jesús. Una relación personal con Jesucristo hace que todos sus recursos estén a nuestro alcance. Sabiduría, dirección, poder, paz, amor, paciencia, autocontrol y muchos otros atributos divinos son nuestros a través de Él. Dios nos da fuerza para cada área de nuestra vida. Y la fortaleza es suelo fértil para la paz, la cual trae una cosecha de satisfacción.

«El Señor fortalece a su pueblo; el Señor bendice a su pueblo con la paz» (Salmo 29.11). Pablo contaba con la fortaleza y recursos de Dios. Por eso estaba contento. Cierta vez, leí la historia de un hombre que tuvo que cruzar un ancho río sobre el hielo. Tenía miedo de que el hielo fuera demasiado delgado, de modo que comenzó a gatear sobre sus manos y rodillas, ya que temía caerse en cualquier momento y traspasar el hielo. Al acercarse a la orilla opuesta, totalmente exhausto, otro hombre lo pasó, deslizándose sin problemas, sentado en un trineo cargado con pesas de hierro.

¡Qué parecido a nosotras! Gateamos por la vida, aceptando nuestra propia fortaleza y pocos recursos, temerosas de que las promesas de Dios sucumban bajo el peso de nuestras necesidades. Tenemos que entender que su poder es ilimitado y que su fuerza no tiene fin. Nuestra debilidad es en realidad el recipiente de su fortaleza. Hudson Taylor notó una vez que «Dios utiliza hombres que sean lo suficientemente débiles y frágiles como para apoyarse en Él». En 2 Corintios 12.9, Dios lo dice de esta manera: «Mi poder se perfecciona en la debilidad».

Intercambiemos nuestros recursos por los suyos. Entonces encontraremos satisfacción.

12
Cómo Practicar el Círculo de Estímulo

odas necesitamos estímulo. Cuando llegan las épocas difíciles y nos amenaza la oscuridad, necesitamos que alguien nos aliente con esperanza. Pero el estímulo que recibamos no deber ser almacenado de manera egoísta. Dios diseñó el estímulo para ser distribuido, dispersado como la luz en la oscuridad. Cuando vemos que alguien sufre necesidad o presentimos que un ser querido está pasando por un mal momento, tenemos que dar ánimo.

Esto es especialmente importante para aquellas personas que estén luchando con la depresión. El estímulo es un don precioso que puede dar vida al corazón que haya perdido toda esperanza de volver a ver la luz.

Dios diseñó el estímulo para ser distribuido...

Segunda Corintios 1.3-7 describe el círculo de desahogo que les podemos brindar a los demás mediante nuestro estímulo:

Alabado sea el Dios y Padre de nuestro Señor Jesucristo, Padre misericordioso y Dios de toda consolación, quien nos consuela en todas nuestras tribulaciones para que con el mismo consuelo que de Dios hemos recibido, también nosotros podamos consolar a todos los que sufren. Pues así como participamos abundantemente en los sufrimientos de Cristo, así también por medio de él tenemos abundante consuelo. Si sufrimos, es para que ustedes tengan consuelo y salvación; y si somos consolados, es para que ustedes tengan el consuelo que los ayude a soportar con paciencia los mismos sufrimientos que nosotros padecemos. Firme es la esperanza que tenemos en cuanto a ustedes, porque sabemos que así como participan de nuestros sufrimientos, así también participan de nuestro consuelo.

Ésta es la manera en que funciona el círculo de estímulo. Todos sufrimos en la vida. Cuando recurrimos a Dios, Él nos consuela. Entonces nosotras podemos consolar a los demás. Es un círculo de estímulo. Todos necesitamos recibir ánimo y todos tenemos que darlo a los demás.

Primer paso: Tenemos que comprender qué es el estímulo

En la Biblia existen tres palabras diferentes que se traducen como «estímulo». Cada una de ellas nos da una idea importante del verdadero significado de lo que significa animar a los demás.

Estimular significa «fortalecer»

Isaías 35.3 nos dice: «Fortalezcan las manos débiles, afirmen las rodillas temblorosas». Las palabras utilizadas aquí significan «fortalecer» o «afirmar» y contienen la idea de apoyar a los demás mientras que se están fortaleciendo ellos mismos.

Durante el Huracán Andrew, los árboles de muchas personas en el sur de la Florida fueron arrancados de raíz y volteados por los terribles vientos y lluvias que asolaron la región. Para no perder esos árboles, muchos de los propietarios los volvieron a plantar y les colocaron, como apoyo, tablas de madera de 2x4 a los troncos, hasta que los árboles se fortalecieran lo suficiente como para sostenerse por sí solos nuevamente. Ésa es la imagen del estímulo. El estímulo significa fortalecer o apoyar.

Estimular significa «dar ánimo»

En 1 Tesalonicenses 4.18, Pablo da estas instrucciones: «Por lo tanto, anímense unos a otros con estas palabras». El estímulo divino no se basa en lo que somos o lo que logramos, sino simplemente en quiénes somos. Hebreos 12.1 nos dice que «estamos rodeados de una multitud [tan] grande de testigos» de pie en los balcones del cielo, dándonos ánimo.

Cuando estimulamos a los demás, nos convertimos en «gente de los balcones». El estímulo siempre tiene ese sentido de «tú puedes hacerlo». El estímulo es el amor de Dios en acción. Es la imagen de una animadora espiritual.

Estimular significa «estar junto a la otra persona»

Primera Tesalonicenses 5.11 nos dice «anímense y edifíquense unos a otros». Esa clase de estímulo exige tiempo, energía y nuestra disponibilidad a aquellos que necesiten ánimo. Muchas veces, cuando estamos en medio de una crisis, no deseamos que nadie nos diga ni haga nada. Simplemente necesitamos que alguien permanezca con nosotras y camine a nuestro lado por la oscuridad. El estímulo es, literalmente, inyectar valentía en la otra persona.

Cuando unimos estas tres definiciones del estímulo, podemos comprender lo que significa convertirnos en animadoras. La práctica del verdadero estímulo implica inspirar valentía en las demás personas fortaleciéndolas, llamándolas a menudo y permaneciendo junto a ellas.

Las grullas de los médanos son una magnífica imagen del estímulo bíblico. Esas enormes aves que vuelan grandes distancias a través de los continentes tienen tres asombrosas cualidades. Primero, ellas rotan el liderazgo. Ninguna de esas aves permanece al frente todo el tiempo. Segundo, ellas escogen líderes que puedan manejar correctamente la turbulencia. Tercero, durante el período de tiempo en que esté liderando una de ellas, el resto hace sonar su aprobación. ¡Eso es lo que yo llamo estímulo bíblico! Esa es la clase de estímulo que funciona.

Segundo paso: tenemos que reconocer quiénes son los que necesitan nuestro estímulo

«Por eso, anímense y edifíquense unos a otros… también les rogamos que amonesten a los holgazanes, estimulen a los desanimados, ayuden a los débiles y sean pacientes con todos» (1 Tesalonicenses 5.11, 14). Este pasaje de las Escrituras menciona específicamente cuatro grupos de personas que necesitan estímulo.

Las personas que estén atascadas en un punto muerto necesitan estímulo

Las personas que están desocupadas tienden a ser poco disciplinadas. Estos son aquellos que están inmóviles, paralizados y que no se pueden mover. En otras palabras, están «atascados» en punto muerto y, a veces, ni siquiera desean hacer lo correcto. Necesitan motivación y estímulo para comenzar a moverse nuevamente.

La depresión puede destruir la motivación y paralizar hasta las personas más fuertes. Hubo días en que mi mayor logro consistía en poner un pie delante del otro. Parecía como que todas las bases sólidas de mi vida habían sido reemplazadas por el lodo de un pantano sin fondo. No podía avanzar: física, emocional, mental y espiritualmente. Estaba atascada y necesitaba alguien que me sacara del lodo.

Las personas que tengan miedo necesitan estímulo

Las personas tímidas tienen miedo y están plagadas de dudas. Ésta es la persona que sabe lo que tiene que hacer pero tiene miedo de hacerlo. Desea hacer lo correcto, pero su miedo la ata. Necesita con desesperación valentía pero no la tiene. La clave es caminar junto a ella durante el tiempo suficiente como para que venza sus miedos.

No hace mucho tiempo, compramos una lancha de esquí acuática para nuestra familia. Mi hija estaba muy entusiasmada, pero también muy nerviosa. La primera vez que salimos en la lancha, Danna miró como su padre esquiaba y luego vio como su hermano salía inmediatamente del agua y esquiaba por todo el lago. Rápidamente, yo le señalé que los esquís y la lancha eran nuevos, que su papá había estado manejando una lancha de esquí desde que era pequeño, y que si el motor podía arrancar a su hermano mayor y su padre del agua, sacarla a ella sería una tontería. Ella estaba realmente nerviosa.

Después de varios intentos fallidos, Danna estaba a punto de abandonar la lucha. Entonces Dan le dijo a nuestro hijo: «Ve al agua con ella y ayúdala a ponerse de pie». Jered se zambulló en el agua y comenzó a hablar con su hermana, dándole algunos consejos, ayudándola con sus esquís, y asegurándole que esta vez lo lograría. En la primera prueba, ella se levantó sonriente. Dan y yo la animamos y le gritamos cada minuto del trayecto. Hoy día, Danna es una excelente esquiadora a quien le cuesta creer que existió un momento en su vida en que no había podido esquiar. Cuando Jered «acompañó» a su hermana, calmó sus temores ya que se colocó bajo el peso de ese miedo con ella. Entonces, ella pudo vencerlo. Existen momentos en que aquellos que tienen miedo al agua necesitan que entremos al agua con ellos.

Las personas que son débiles necesitan estímulo

Los que son débiles no tienen fuerza y no pueden funcionar solos. Alguna circunstancia o serie de circunstancias en su vida les quitan su fortaleza. Desean hacer lo correcto pero no tienen la fuerza para ponerse de pie y hacerlo. Necesitan fortaleza y estímulo.

A menudo, la depresión nos quita toda nuestra energía. Utilizamos todos nuestros recursos para tratar apenas de arreglárnoslas con el pozo en el que estamos metidas. Hay veces en que sabemos lo que tenemos que hacer, pero no tenemos la fuerza para hacerlo.

Todos necesitamos estímulo

La última frase de 1 Tesalonicenses 5.14 dice: «sean pacientes con todos». Todas las personas que hayan caminado alguna vez sobre la faz de la tierra necesitan estímulo en algún momento de su vida. Incluso Jesús necesitó ánimo. Todas nosotras tenemos momentos en que estamos paralizadas emocionalmente. Todas tenemos momentos en que estamos asustadas y no tenemos la fuerza ni la energía para seguir adelante. Tratamos de llevar esas cargas sin la ayuda de los demás, a pesar de que Gálatas 6.2 nos diga: «Ayúdense unos a otros a llevar sus cargas, y así cumplirán la ley de Cristo». La necesidad mutua es una realidad espiritual. Hemos sido creadas para ayudarnos unas a otros a compartir las cargas.

> Hemos sido creados para ayudarnos
> unos a otros a compartir las cargas.

Una vez, leí que un pastor estaba predicando un sermón sobre ayudarse unos a otros a llevar las cargas. El pastor aludía al pasaje de Mateo 11.29-30, donde Jesús nos dice: «Carguen con mi yugo y aprendan de mí, pues yo soy apacible y humilde de corazón, y encontrarán descanso para su alma. Porque mi yugo es suave y mi carga es liviana».

Cuando finalizó el sermón, uno de los miembros de la iglesia se le acercó y le dijo: «Hubiera deseado saber que usted iba a predicar sobre este tema. Le podría haber dicho algo». «Bueno, mi amigo», le dijo el pastor, «¿por qué no me lo dice ahora?» El feligrés le preguntó al pastor: «¿Acaso sabe usted por qué la carga de Jesús era liviana?» El pastor pensó durante un momento, y luego respondió: «Bueno, supongo porque el buen Dios lo ayudaba a cargarla, me imagino». «No, señor», le dijo sacudiendo la cabeza. «Sabe, cuando yo era pequeño en casa, solía manejar los bueyes, y el yugo no tenía nunca la intención de estar equilibrado. Los yugos de mi padre eran siempre más pesados de un lado que del otro. Entonces, él ponía al buey débil junto al fuerte. El extremo liviano estaba sobre el buey débil y el pesado sobre el fuerte. Ésa es la razón por la cual el yugo es suave y la carga, liviana: porque el yugo del Señor está fabricado de la misma manera. El extremo pesado recae sobre sus hombros».

La vida está repleta de cargas demasiado pesadas para que las carguemos solas. Jesús vino para caminar a nuestro lado, compartiendo nuestras cargas. Su fortaleza y su amor nos animan a cada paso.

> En ocasiones, el mejor estímulo es escuchar
> a los demás con el corazón atento a sus palabras.

Para poder experimentar y ser parte del círculo del estímulo, tenemos que entender qué es el estímulo y darnos cuenta de quiénes son los que lo necesitan.

Tercer paso: Tenemos que aprender a practicar el estímulo

Todos los días nos cruzamos con personas que están sufriendo. Una palabra de estímulo, un acto de bondad, una sonrisa amable pueden ser suficientes para mantenerlos de pie. Deseamos ser personas que den ánimo a los demás, pero quizás no sepamos dónde comenzar.

Aquí les ofrezco siete maneras en que ustedes y yo podemos practicar el estímulo y la edificación mutua en la vida diaria. Estos métodos son esenciales para estimular a aquellos que estén deprimidos.

Escuchar a los que sufren

«Tú, Señor, escuchas la petición de los indefensos, les infundes aliento y atiendes a su clamor» (Salmo 10.17). A veces, el mejor estímulo es simplemente un corazón atento. El escuchar no exige que arreglemos nada ni lleguemos siquiera a una solución. Cuando escuchamos, nuestro mensaje es: «Estoy aquí a tu lado. Sólo para ti. Deseo entender y compartir tu dolor». A menudo, desperdiciamos oportunidades de dar estímulo porque, en vez de escuchar, hablamos.

Yo solía tener una vecina ya anciana a quien le encantaba hablar... mucho. Cuando me la encontraba, sabía que mi rutina sería interrumpida. Un día, yo estaba caminando y, al dar vuelta la esquina, me topé con ella. Sabía que podría acortar el encuentro con alguna excusa tonta, pero en un raro momento de sabiduría, decidí detenerme y escuchar.

Estoy tan contenta de haberlo hecho. Su hijo de 42 años acababa de fallecer y ella necesitaba desesperadamente mi estímulo.

Cuando escuchamos a la gente, les damos validez a sus sentimientos. Cuando les damos el don más precioso que tenemos: nuestro tiempo, los estamos invitando a ingresar a nuestra vida. El escuchar es dar ánimo.

> Cuando escuchamos a la gente,
> les damos validez a sus sentimientos.

Consolar con nuestras palabras

«¡Les infundiría nuevos bríos con la boca; les daría consuelo con los labios!» (Job 16.5). La palabra hablada es poderosa, y las palabras de estímulo que pronunciemos pueden traer un gran consuelo. La idea no es hablar mucho, sino proclamar las palabras correctas. Consideremos lo siguiente:

- El Padrenuestro tiene 71 palabras.

- El Discurso de Gettysburg contiene 272 palabras.

- Los Diez Mandamientos contienen 139 palabras.

- La Declaración de la Independencia contiene 1323 palabras.

- Una orden del gobierno de los Estados Unidos estableciendo el precio del repollo contiene 26,911 palabras.

[NOTA: Las cifras indican el número de palabras en inglés.]

Cuando se trata de las palabras con impacto, hablar mucho no tiene valor alguno. Pero pronunciar las palabras correctas puede cambiar la vida de los demás.

Las notas de estímulo por escrito a menudo acarrean un impacto aún mayor, ya que pueden ser almacenadas y leídas una y otra vez. En el medio de mi lucha con la depresión, muchas veces entraba al servicio de nuestra iglesia por una puerta lateral para que no me vieran. Un día, llegué tarde y me senté a un costado para evitar las miradas inquisitivas y preocupadas de la gente. No calculé demasiado bien el tiempo, ya que llegué justo en el momento en que les dan la bienvenida a los visitantes. Yo no tenía simplemente ni la energía ni el deseo de dar la mano a nadie ni de sonreír, de modo que me quedé sentada en mi silla con la esperanza de que todos comprenderían y me dejarían sola.

Luego lo vi venir. Uno de nuestros diáconos me había visto y estaba cruzando el auditorio con una gran sonrisa en su rostro. Yo deseaba huir corriendo. Puso su brazo alrededor de mis hombros y me dio un suave abrazo. No pronunció una sola palabra. Sin embargo, puso un pequeño trozo de papel en mi mano. Luego se alejó tan rápidamente como había venido. A través de mis lágrimas, leí la preciosa nota que decía: «Los quiero mucho y estoy orando por ustedes. Si tú o Dan me necesitan en algún momento, aquí estoy». Mi corazón herido se sintió inundado por un gran consuelo y me di cuenta de que tenía la fuerza para quedarme allí.

Lo importante no es la extensión de nuestro discurso ni el número de palabras elocuentes que utilicemos. Lo más importante es lo que decimos. Las palabras que pronunciemos son como semillas. Lo que plantemos, crecerá. Podemos enunciar palabras de estímulo que luego Dios toma y utiliza para traer esperanza y dar consuelo. El dar consuelo con nuestras palabras es un estímulo.

Involucrarse

«Que nuestro Señor Jesucristo mismo y Dios nuestro Padre, que nos amó y por su gracia nos dio consuelo eterno y una buena esperanza, los anime y les fortalezca el corazón, para que tanto en palabra como en obra hagan todo lo que sea bueno» (2 Tesalonicenses 2.16-17). Cuando Jered estaba en segundo grado, había un niño pequeño en su clase que nadie quería porque era un abusón y verdaderamente odioso. Un lunes a la mañana, este jovencito vino a la escuela con los dos brazos enyesados desde los hombros hasta las muñecas. Se había caído de un árbol y se había fracturado ambos brazos. La maestra le anunció a la clase que Johnny necesitaba un «amigo voluntario» durante las próximas seis semanas mientras que estuviera enyesado. Este «amigo» lo ayudaría a Johnny a realizar todo, desde completar las tareas de clase hasta darle de comer durante el almuerzo. Incluso tendría que acompañarlo al baño.

Lo que plantemos, crecerá.

Después de unos penosos segundos de silencio, alguien levantó la mano. Jamás me he sentido más orgullosa de mi hijo, quien se ofreció a ser el ayudante de Johnny. A Jered le resultaba muy difícil quererlo a Johnny, pero su corazón sensible no podía soportar el gesto en el rostro de Johnny cuando no hubo voluntarios. Me pregunté qué ocurriría en la vida de mi hijo durante las siguientes semanas.

Al final de cuentas, yo fui la que aprendí la lección más importante. Al final del período de seis semanas, ocurrieron tres cosas verdaderamente asombrosas. Primero, Jered y Johnny se hicieron amigos. Segundo, debido al hecho de que Jered era amigo de todos los niños de la clase, ellos decidieron que si a Jered le gustaba Johnny, a ellos también les gustaría. Sin embargo, el cambio más importante ocurrió en Johnny. Su conducta cambió totalmente. Fue como si hubiera decidido que ya que le caía bien a Jered y a los demás niños, eso significaba que podía ser un niño agradable.

A veces tenemos que involucrarnos de manera activa en la vida de los demás para darles ánimo.

Demostrar una gran paciencia

«Anima con mucha paciencia» (2 Timoteo 4.2). El estímulo exige persistencia. La persistencia requiere paciencia. Tan sólo haberle dado ánimo a alguien en cierta ocasión no significa que nuestro rol en su vida se haya terminado. Así como esa persona no se desalentó del día a la noche, a menudo tampoco se reanimará en un abrir y cerrar de ojos.

La persistencia requiere paciencia.

Hace algunos años, Dan comenzó a fabricar muebles de madera. Mi tarea consistía en teñir y terminar las piezas después que él las hubiera completado. Jamás había trabajado con madera o tintura y no sabía cómo lograr la tarea. Pero conocía a alguien que sí sabía. Me dirigí a la ferretería de nuestro barrio. Le expliqué al vendedor que deseaba terminar algunos muebles: hoy mismo. Tenía mucha prisa por colocarlos en el lugar justo en mi casa y deseaba terminar rápido todo este asunto de la tintura. Él me sonrió y me explicó con toda paciencia que lograr el mejor terminado lleva su tiempo. Obviamente no comprendía mi apuro, de modo que traté de volver a explicárselo nuevamente. Ignorando mis palabras, me dijo que un buen terminado requiere varias capas de tintura y laca, dándole tiempo para secarse entremedio. No existen atajos cuando deseamos que el producto final esté bien.

El estímulo es lo mismo. Requiere capas de amor y gran paciencia para reaprovisionar, restaurar y dar valentía nuevamente al corazón. La paciencia es una parte importante del estímulo.

Ofrecer una enseñanza sensible

Segunda Timoteo 4.2 dice también que tenemos que animar a los demás con enseñanzas cuidadosas, siendo sensibles a la condición del alumno, de aquél que necesita nuestro estímulo. El aprendizaje no comienza con la verdad. El aprendizaje comienza con el alumno y requiere gran flexibilidad y amor.

Cuando Danna comenzó a jugar softball, sus entrenadores eran su papá y Garland Robertson, nuestro pastor de jóvenes. Jered era el entrenador adjunto. En una de las prácticas, una de las chicas no conseguía pegarle a la pelota. Garland estaba lanzando la pelota; y quizás ése era el problema. Dan le estaba dando instrucciones; y ése puede haber sido el problema también. Por alguna razón, ella no le estaba pegando a la pelota. Por fin, Jered la apartó y se puso a trabajar con ella durante 30 minutos. Con toda tranquilidad, él comenzó a darle sugerencias con gran sensibilidad. De repente, la chica que había errado cada lanzamiento, consiguió pegarle a cinco seguidas.

> La instrucción que está rodeada de estímulo, verdaderamente funciona.

La instrucción que está rodeada de estímulo, verdaderamente funciona. A nadie le importa cuánto sabemos. Lo que le importa a los demás es cuánto nos preocupamos. He escuchado que los consejos y la enseñanza son como la nieve. Cuanto más suaves al caer, tanto más profundo se adhieren. La enseñanza sensible es un estímulo.

Permanecer cerca

Es muy alentador saber que no estamos solas; que alguien más está allí con nosotras en el bote que se balancea con las olas. Recuerden que una de las definiciones del estímulo es «estar junto». A veces, la mejor manera de animar a los demás es permaneciendo junto a ellos, uniéndonos a lo que estén haciendo. Un gozo compartido es un gozo por partida doble, pero una pena compartida se reduce a la mitad. Dios nos ha dado el uno al otro para que podamos compartir las cargas. La carga compartida es siempre más liviana. Eclesiastés 4.12 nos da una maravillosa promesa: «Uno solo puede ser vencido, pero dos pueden resistir. ¡La cuerda de tres hilos no se rompe fácilmente!»

Una vez leí sobre una adolescente muy sagaz que se cansó de leerle cuentos a su pequeña hermana para que se fuera a dormir. De modo que decidió grabar varios de sus relatos favoritos en una cinta. Le dio el grabador a su hermana y colocó la cinta. «Ahora puedes escuchar tus cuentos cuando lo desees. ¿No es magnífico?», le dijo. Ella miró el aparato por un momento, y luego le contestó: «No. No tiene regazo».

Todas necesitamos un regazo. Todas necesitamos la intimidad de una relación. Todas necesitamos saber que nos aman. Todas necesitamos estímulo. Juntas podemos encontrar el ánimo que necesitamos. Permanecer junto a los que nos necesitan es darles ánimo.

Practicar el estímulo todos los días

«Anímense unos a otros cada día» (Hebreos 3.13). La persona que nos anima es la persona que nos conoce tal cual somos, comprende nuestra historia, acepta nuestra situación actual y nos invita apaciblemente a crecer. ¿Con qué frecuencia tenemos que practicar el estímulo?

Todos los días. Continuamente. Constantemente.

> Las personas que animan a los demás buscan las oportunidades para hacerlo.

La clave de un estímulo constante y diario es variar la forma en que lo hagamos y las personas a quienes animemos. Las personas que animan a los demás buscan las oportunidades para hacerlo. Hechos 4.36 cuenta la historia de un hombre que conoció a Cristo. Su vida cambió en forma tan dramática que vendió sus tierras y trajo el dinero para dárselo a Dios a través de la iglesia primitiva. Eso era increíble. Pero lo más increíble sobre este hombre llamado José fue que los discípulos cambiaron su nombre. Lo llamaron Bernabé, que significa «Hijo de consolación».

¿Son ustedes hijas de consolación? ¿Acaso sugerirían sus amigos que les cambiaran el nombre? ¿Y vuestro esposo e hijos? ¿Y los vecinos o esa persona que forma parte de la vida de ustedes que está luchando por encontrar un rayo de luz en su oscuridad?

El mensaje es claro. Así como Cristo vino a nuestra vida para darnos ánimos, nosotras tenemos que animar a los demás. La verdad más asombrosa es que cuanto más ánimo demos, tanto más recibiremos en el círculo del estímulo.

Jesús nos promete: «Den, y se les dará: se les echará en el regazo una medida llena, apretada, sacudida y desbordante. Porque con la medida que midan a otros, se les medirá a ustedes» (Lucas 6.38).

Un último pensamiento

Cuando Danna era pequeña, una de las cosas que más le gustaba hacer era colorear un libro de arte en particular. Tenía varias páginas que eran especiales. Recuerdo una en particular que tenía la imagen de una mariposa. Cuando yo la miraba, no podía entender su entusiasmo ya que era toda gris. Cuando le pregunté por qué le gustaba tanto, ella me dijo «Mira, Mamá». Frotó sus pequeñas manitos juntas hasta que estuvieron calientes y luego las colocó sobre la mariposa. Su cálido tacto hizo que las tintas especiales de la imagen reaccionaran y el gris opaco se transformó en un bellísimo arco iris de colores.

Este mundo frío y oscuro necesita desesperadamente personas que se preocupen, palabras de amabilidad, actos de compasión. Este mundo, nuestro mundo, nos busca para que le demos ánimo.

Seamos hijas de consolación.

13
Cómo Incorporar Una Vida Equilibrada

Cuando vi la película Twister, me hizo recordar el pequeño pueblo de Texas donde me había criado. Los tornados eran comunes en Brownwood. De hecho, con frecuencia teníamos «simulacros de tornados» para prepararnos para la siguiente tormenta. Cuando comenzaban a amontonarse las amenazantes nubes negras en el horizonte y aumentaba la posibilidad de tornados, sonaban las sirenas de advertencia por nuestro tranquilo pueblito, enviando a todos los hombres, mujeres y niños corriendo a los refugios. El lugar seguro de mi familia era un sótano viejo y con olor a humedad en el jardín de atrás de mi casa. Allí nos acurrucábamos todos juntos hasta que sonara la sirena que nos indicaba que «todo estaba bien». Respirando con alivio, salíamos de ese oscuro sótano para reiniciar nuestra vida normal.

A veces me da la sensación de que acaba de aterrizar un tornado en el medio de mi vida. Reina el caos; las emociones giran fuera de control. La frustración, confusión, estrés, agotamiento y oscuridad son compañeros demasiado conocidos. Durante esos momentos de turbulencia, mi primera reacción es, con frecuencia, escaparme y esconderme hasta que pase la tormenta. Pero he llegado a darme cuenta de que siempre vendrá otra, y que lo que tengo que aprender es a prepararme para la tormenta antes de que me golpee. Si no lo hago, a la larga sufriré devastación y ruina. Así sucede con la vida.

Cuando luchamos por establecer límites y no logramos establecer márgenes de tiempo para lo que no hayamos planeado o esperado, estamos inconcientemente aceptando vivir una vida vacía que consiste en simplemente «hacer lo que sigue». El resultado es un penoso desequilibrio.

La depresión prospera en las vidas desequilibradas, prosperando en el vacío de propósitos claros y direcciones certeras. El pozo de oscuridad es un destino común para aquellas personas que se niegan a medir y equilibrar las exigencias a veces abrumadoras del hogar, carrera, familia, amigos y crecimiento personal. A menudo, el resultado es una oscuridad enloquecedora y confusa que permanecerá allí hasta que arraiguemos firmemente un equilibrio divino en su lugar. Éste es un equilibrio que únicamente Dios puede proporcionar.

En los Evangelios de Lucas y Juan, encontramos la historia tan conocida de dos mujeres: María y Marta. Ellas son mujeres como ustedes y como yo, y sus vidas nos ofrecen un plan profundamente sencillo pero muy práctico que consiste en tres pasos. Ese plan nos permite vivir una vida equilibrada de la cual podemos extraer fortaleza para cada tormenta y encontrar luz aun en los momentos de mayor oscuridad.

Mientras iba de camino con sus discípulos, Jesús entró en una aldea, y una mujer llamada Marta lo recibió en su casa. Tenía ella una hermana llamada María que, sentada a los pies del Señor, escuchaba lo que él decía. Marta, por su parte, se sentía abrumada porque tenía mucho que hacer. Así que se acercó a él y le dijo: —Señor, ¿no te importa que mi hermana me haya dejado sirviendo sola? ¡Dile que me ayude! —Marta, Marta —le contestó Jesús—, estás inquieta y preocupada por muchas cosas, pero sólo una es necesaria. María ha escogido la mejor, y nadie se la quitará (Lucas 10.38-42).

Seis días antes de la Pascua llegó Jesús a Betania, donde vivía Lázaro, a quien Jesús había resucitado. Allí se dio una cena en honor de Jesús. Marta servía, y Lázaro era uno de los que estaban a la mesa con él. María tomó entonces como medio litro de nardo puro, que era un perfume muy caro, y lo derramó sobre los pies de Jesús, secándoselos luego con sus cabellos. Y la casa se llenó de la fragancia del perfume (Juan 12.1-3).

Ahora, ¡tengo que admitir que Marta es una muchacha con la que me identifico mucho! Me la imagino como una perfeccionista; alguien que todos reconocen como muy disciplinada, tenaz, llena de energía y practicidad. Marta compartía su hogar con su hermana María y su hermano Lázaro. Eran una familia unida que vivía en un pequeño pueblo llamado Betania, el cual se encontraba ubicado a dos millas de Jerusalén. Por lo que nos cuentan las Escrituras, nos resulta fácil imaginarnos que Marta era una excelente cocinera y ama de casa. De hecho, quizás se la consideraba como la «Betty Crocker» de Betania. Jesús y sus discípulos sabían que ellos tenían siempre una invitación abierta a este hogar. Marta parecía ser una mujer intensa con profundos sentimientos y convicciones claras, pero no hay duda de que tenía, tal como nosotras, defectos. Casi pienso que, en ciertas ocasiones, ella se perdía algunos de los momentos más importantes de la vida porque se encontraba «demasiado ocupada». ¿No les suena familiar?

Ahora, María, la hermana de Marta, es una historia completamente diferente. Creo que ella debe haber vivido para los momentos sublimes de la vida. Gozaba de un espíritu libre y era muy independiente. Probablemente veía poco valor en las molestias triviales tales como la riqueza material, una casa limpia, comidas ricas y horarios estrictos. Para María, nada se comparaba a los preciosos tesoros de la tranquilidad, la paz, la verdad y la libertad. Sospecho que María era una voraz estudiante que prosperaba con todo aquello que la obligara a pensar y reflexionar.

María era casi infantil en su apetito por la verdad, en especial, la verdad espiritual. Como su hermana, ella sentía con profundidad las cosas. A veces, esos sentimientos la empujaban a realizar cosas que los demás no comprendían. Por ejemplo, en la época de Jesús, no era común que una mujer se sentara entre los hombres. Pero María lo hizo. Ella se sentaba a los pies de Jesús mientras Él enseñaba a sus discípulos. Era valiente. Tiene que haber requerido una gran valentía ir en contra de las normas de la época. Se atrevió a ser diferente y quizás, incluso, a vivir a la sombra de su exitosa hermana tan altamente respetada por los demás. Sin embargo, María era también humana e imperfecta. Para algunos, ella parece ser una persona perezosa y propensa a dejar las cosas para mañana.

A menudo, la gente piensa que María era la hermana espiritual y que Marta no lo era tanto. Tenemos la tendencia a mirar sus vidas y decir que tendríamos que procurar ser como María. Sin embargo, deseo que nosotras reconozcamos que las vidas de ambas mujeres nos ofrecen lecciones y verdades invalorables sobre el equilibrio. La vida equilibrada por el poder, la presencia y el propósito de Dios no caerá presa tan fácilmente de la oscuridad de la depresión. En otras palabras, si queremos salir de la fosa, y permanecer fuera de ella, tenemos que aceptar vivir de manera equilibrada.

Dios no es el autor de la confusión, ni tampoco crea caos, tendiendo una trampa a sus hijos para que estos se ahoguen en las furiosas aguas de la oscuridad, el agotamiento y la extenuación. Solos nos arreglamos muy bien para lograrlo. Pero podemos aprender lecciones muy valiosas, tanto de Marta como de María, aplicarlas a nuestra vida actual, y experimentar un equilibrio que aportará orden y propósito a nuestro enloquecido mundo.

Primera verdad: Tenemos que buscar a Dios

El equilibrio requiere constantemente un examen honesto de nuestras prioridades. Nuestras verdaderas prioridades no son una simple lista de actividades que hayamos completado o de metas que hayamos establecido, sino el reflejo veraz de los deseos de nuestro corazón. La búsqueda de Dios emerge naturalmente del corazón que anhele conocerle. Podemos decir que estamos buscando a Dios, pero la realidad es que la mayor parte de nuestro tiempo, atención y recursos se lo dedicamos a aquellas cosas que consideramos importantes, lo cual nos ilustra claramente cuáles son nuestras verdaderas prioridades. La vida de Marta en Lucas 10.38 nos da el primer ejemplo de la importancia de que nuestras prioridades sean las correctas y estén equilibradas: «Mientras iba de camino con sus discípulos, Jesús entró en una aldea, y una mujer llamada Marta lo recibió en su casa».

Jesús sabía que siempre era bienvenido en la casa de Marta. Estoy segura de que Él apreciaba la belleza y comodidad de ese hogar donde podía relajarse y descansar. Marta proporcionaba un puerto seguro para Jesús. Era un hogar donde podía reabastecerse. Las Escrituras nos dicen que Jesús «no tiene dónde recostar la cabeza» (Lucas 9.58), pero Él podía venir a esta casa cuando necesitaba descansar o alejarse de las multitudes exigentes. A la edad de 30, el Hijo de Dios partió de su casa natal, y no existe ningún registro que nos indique que haya vuelto jamás a vivir allí. Iba con frecuencia a Betania, a la casa de Marta, María y Lázaro, e incluso pasó su última semana en la tierra allí.

Es obvio que Jesús no tenía que preguntarse si era bienvenido en ese hogar o si formaba una parte importante de sus vidas. Él lo sabía. Jesús sabía sin ninguna duda que ese hogar era su hogar también. No tenía que preguntarse si Marta estaría lista para recibir su presencia. ¿Puede acaso decir lo mismo de nosotras? ¿Tenemos el corazón de aquellos que le buscan, de los que viven todos los días concientes de su presencia, su plan y sus prioridades para su vida?

La búsqueda de Dios comienza con el reconocimiento de quién es Él y luego la invitación a que ingrese a nuestra vida como Señor y Salvador. Decir que Jesús es nuestro Señor significa entregarnos a Él como el jefe y gobernador de nuestra vida. Si Él no es el Señor de todo, entonces no es realmente Señor. Él es el Dios Santo; Aquél que nos escogió para sí; Aquél que nos ama y nos persigue con un amor obstinado que nunca se da por vencido; Aquél que las ha creado a ustedes y a mí para toda la eternidad. Sobre la cruz del Calvario, Jesucristo pagó por nuestros pecados e hizo posible que tuviéramos una relación personal con Dios. Saber quién es Él nos ayuda a anhelar conocerlo de manera íntima. Y cuanto más lo conocemos, tanto más fácil nos resulta comprender que una vida equilibrada es aquella en la que Él está absolutamente a cargo de todo, liderando dulcemente con el corazón de un Padre benevolente que desea lo mejor para sus hijos.

Algunas de nosotras ya hemos tomado el primer paso, invitando a Jesús a asumir el control. Sin embargo, sin percatarnos de ello, nos encontramos nuevamente en el centro del caos y la confusión. Nuestro problema no es la falta de una relación personal con Dios. Nuestro problema es que no hacemos lugar para esa relación a la luz de su señorío, negándonos a rendirnos y someternos a su control absoluto. Cuando le hacemos lugar en los momentos cotidianos y las actividades normales de la vida, entregándonos a su plan y su voluntad, logramos alcanzar el equilibrio deseado. Muchas veces, el problema de la falta de equilibrio es el resultado de la condición abarrotada de nuestra vida. Como el dueño de la posada, rechazamos a Jesús en la entrada de nuestro corazón y nuestra mente, diciendo que no hay lugar para Él.

Hace unos pocos veranos atrás, nuestras vacaciones como familia nos llevaron a Pensilvania, donde visitamos las tierras de los amish. Siempre me ha fascinado esta gente y disfruté cada minuto que pasé en ese hermoso mundo tan cuidadosamente ordenado. Cuando nuestra visita llegó a su fin, yo deseaba comprar algún recuerdo para no olvidarme de los días tan apacibles que había pasado allí, pero todo lo que escogía era demasiado caro. Soy una compradora implacable, ¡así que no iba a dejar que mis recursos limitados me detuvieran! Comenzamos a viajar ida y vuelta por todos los caminos pequeños y escondidos de cada comunidad, buscando aquellos productos amish que sólo unos pocos y aquellos dispuestos a perseverar conocían. Estaba comenzando a perder toda esperanza, cuando encontré un pequeño letrero blanco en la cerca de una pintoresca casa, absolutamente perfecta. Éste decía: «Artesanías amish». ¡Por fin!

Mi esposo y yo les explicamos a nuestros niños pequeños que ésta era una tienda muy especial y que tenían que quedarse muy calladitos, tomarse de la mano y no tocar nada. Tenía mis serias dudas de que esto estuviera realmente ocurriendo. Pero cuando salimos del automóvil, nos rodeó una sensación de paz como una vieja cobija. Inmediatamente, nuestras voces se redujeron a un susurro. Caminamos en puntas de pie hasta el angosto sendero de piedra y suavemente abrimos la puerta de tejido de alambre. Cuando ingresamos al porche repleto de hermosas artesanías amish, una mujer salió de la casa, nos dio la bienvenida con una bellísima sonrisa y se presentó como Mary. Nos invitó a que echáramos una ojeada y que le avisáramos si necesitábamos ayuda. Tengo que admitir que yo estaba a punto de ser grosera en mis intentos de echar un vistazo a su casa a través de las ventanas del porche. Leyendo mis intenciones, ella me ofreció con toda amabilidad: «¿Les gustaría entrar a mi casa y echarle un vistazo?» ¡Pensé que jamás me lo preguntaría!

Durante los siguientes treinta minutos, Mary nos dio una gira de su casa, dándonos un vistazo a un mundo muy diferente al nuestro y a un estilo de vida descomunalmente simple que yo anhelaba con desesperación experimentar. La casa tenía pocos muebles con sólo lo básico, pero Mary describió su vida y su rutina diaria con palabras tales como calmas, sin complicaciones, apacibles y serenas. Cuando le pregunté por qué había elegido ese estilo de vida, ella me miró a los ojos y me respondió suavemente con unas palabras de sabiduría que jamás olvidaré: «He descubierto que cuando mi vida y mi corazón se abarrotan de cosas, no hay suficiente espacio para Dios». ¡Exactamente!

Una vida desequilibrada es una vida tan repleta de cosas que no hay espacio para la presencia de Dios. Cuando confinamos nuestra espiritualidad a actividades religiosas, construimos una vida sobre los vulnerables cimientos de verdades falsas y expectativas equivocadas. Esa base no tardará en caer, lanzándonos a una fosa siniestra de oscuridad y desesperación. Lo que Dios desea es tiempo para celebrar la extraordinaria relación espiritual del Padre con sus hijas mientras leemos su Palabra y hablamos con Aquél que mejor nos conoce y más nos quiere. Cuando caen nuestras lágrimas, Él desea enjugarlas, recogiendo cada una de ellas para volcarlas nuevamente en nuestra vida como frescas lluvias de restauración. Dios anhela que corramos para siempre hacia sus brazos, para poder así compartir cada dolor y regocijarse con cada victoria. El Padre anhela rodearnos con sus fuertes brazos, trayendo la paz que tanto necesitamos. Cuando practicamos su presencia, tenemos equilibrio y desciende un orden sobrenatural sobre nuestro caótico estilo de vida.

Otro paso importante en la búsqueda de Dios es aprender cómo determinar qué cosas son importantes y cuáles son urgentes. A veces no entendemos la diferencia y, en consecuencia, relegamos el control de nuestra vida a exigencias poco dignas, dictadas por un mundo que funciona a las corridas. Lo importante nunca se impone, mientras que lo urgente es siempre un intruso agresivo. Lo importante espera con paciencia, mientras que lo urgente exige su manera de hacer las cosas, creando un estado de locura y falta de equilibrio. Por cierto, hay veces en que lo importante es también urgente. Pero tenemos que aprender a discernir entre los dos. Erróneamente, sacamos la conclusión de que una vida ocupada es automáticamente una vida productiva. Presumimos, tontamente, vivir como si una agenda repleta fuera la evidencia de un corazón pleno. Con orgullo, vestimos nuestro cansancio y agotamiento como nuestro guardarropa espiritual.

¡Tengo excelentes noticias! Pueden relajarse. Dios nos quiere más por lo que somos que por lo que hacemos. Aunque nunca jamás realicemos una cosa más para su reino, su amor por nosotras no cambiará. ¡Él nos ama! Ha llegado el momento de detenernos, examinar nuestra vida y tomar la decisión de convertirnos en personas que busquen verdaderamente a Dios. Una de las mayores recompensas de buscar a Dios es el equilibrio. Lo alcanzamos cuando, intencionadamente, fijamos nuestro corazón en el Señor y escogemos alimentar lo que es importante en vez de aceptar las cosas menos valiosas de la vida.

Segunda verdad: Tenemos que establecer nuevamente nuestras metas

La realidad de cada una de nosotras es que cada momento de cada día está concentrado en alguien o algo. O somos nosotras quiénes decidimos el enfoque a través del cual viviremos o percibiremos la vida, o permitimos que nos sea impuesto por los demás. Una vida equilibrada está concentrada en Dios como resultado de sentarnos a sus pies. ¿Qué significa estar «sentadas a los pies de Jesús»? Primero de todo, tenemos que detenernos. Claro que esto nos puede parecer una idea novedosa. María dejó de hacer lo que estaba haciendo: ayudando a Marta en la cocina, para venir y sentarse a los pies de Jesús. Por supuesto, Marta inmediatamente comenzó a quejarse de que la habían dejado a cargo de todo el trabajo mientras que su hermana perdía su tiempo. Escuchen, mis amigas, siempre van a existir personas que no nos van a comprender o que se quejarán cuando escojamos realizar lo que Jesús le dijo a Marta que era «la mejor» (Lucas 10.42).

Marta, por su parte, se sentía abrumada porque tenía mucho que hacer. Así que se acercó a él y le dijo: —Señor, ¿no te importa que mi hermana me haya dejado sirviendo sola? ¡Dile que me ayude!

—Marta, Marta —le contestó Jesús—, estás inquieta y preocupada por muchas cosas, pero sólo una es necesaria. María ha escogido la mejor, y nadie se la quitará. (Lucas 10.40-42)

Presten atención al verbo «escoger» utilizado en este pasaje. María eligió, así como tenemos que elegir nosotras. El escoger sentarnos a los pies de Jesús requiere un planeamiento decidido, una programación resuelta y una determinación intencionada. Dios desea pasar tiempo con nosotras, todos los días, cimentando la relación. Esto significa que pasar tiempo a sus pies, en su presencia, tiene que ser nuestra máxima prioridad. Es absolutamente asombroso como puedo desperdiciar la mejor parte de mi día, dejando a Dios lo que resta, y luego tener la audacia de quejarme de que mi vida carece de todo poder y propósito. Las distracciones provienen de todas partes. Algunas de esas distracciones son cosas buenas y maravillosas. Sin embargo, si ellas nos impiden pasar tiempo con Dios, son cosas equivocadas.

Jesús la reprende suavemente a Marta, ya que ella había olvidado lo que era realmente importante. Oswald Chambers escribe: «Podemos ahogar a Dios con un bostezo; podemos entorpecer nuestro rato con Él, recordando que tenemos otras cosas que hacer. '¡No tengo tiempo!' ¡Por supuesto que no tenemos tiempo! Tenemos que tomarnos el tiempo, estrangular algunos de nuestros otros intereses, y darnos cuenta de que el centro de poder en nuestra vida es el Señor Jesucristo».

Todos los días, ustedes y yo escogemos en qué invertir nuestro tiempo. Planeamos y programamos todo: desde la ida a la peluquería hasta el almuerzo con amigas. Sin embargo, muchas veces no logramos programar la actividad más eterna de nuestra vida: pasar tiempo con Dios. ¿Necesitan el poder para vivir la vida por encima de sus circunstancias? ¿Están acaso desesperadas por la paz y el equilibrio que sólo Dios puede brindarles? ¿Anhelan tener una relación que les dé la energía necesaria para llevar las cargas y pasiones de esta vida? Entonces, ha llegado el momento de hacer un inventario de las exigencias que pesen sobre su tiempo y comenzar a sentarse a sus pies.

Estar envueltas en la obra de Dios puede convertirse en un mal sustituto de estar envueltas en su presencia. La paradoja es que sólo podemos estar envueltas en su presencia cuando nos detenemos y aprendemos a esperarlo a Él. A pesar de que odio esperar a alguien o algo, estoy aprendiendo que existe un propósito divino y un poder sagrado a nuestra disposición en las salas de espera de la vida. Las esperas me quitan el control. Estoy obligada a enfrentar lo desconocido. Esperar a Dios puede proporcionar el catalizador que cambia el curso de nuestra vida. En cada sala de espera, Dios nos prepara para las circunstancias y prepara las circunstancias para nosotras. «Por la mañana, Señor, escuchas mi clamor; por la mañana te presento mis ruegos, y quedo a la espera de tu respuesta» (Salmo 5.3). De esos momentos de quietud y silencio, de espera y de búsqueda, surge un equilibrio santo que echa raíces y crece. Cuando elegimos esperar a Dios, el corazón que le busca descubre la satisfacción de cada una de sus necesidades y la luz en la oscuridad.

Además de tener que detenernos y permanecer quietas para poder sentarnos a los pies de Jesús, tenemos que aprender a escuchar. Deuteronomio 30.19-20 nos enseña con estas palabras: «Hoy pongo al cielo y a la tierra por testigos contra ti, de que te he dado a elegir entre la vida y la muerte, entre la bendición y la maldición. Elige, pues, la vida, para que vivan tú y tus descendientes. Ama al Señor tu Dios, obedécelo y sé fiel a él, porque de él depende tu vida». Yo sé que muchas voces claman para atrapar nuestra atención. La clave de una vida equilibrada es capacitar a nuestros corazones para que estén dirigidos hacia Dios y enseñar a nuestros oídos espirituales que presten atención a su voz por encima de todas las demás.

Durante varios años, mientras Dan asistía al seminario (Southwestern Seminary) en Fort Worth, Texas, yo trabajé como maestra de tercer grado. Tuve la suerte de que me enviaran a una de las escuelas primarias más grandes y mejores del pueblo. Mi clase era una de las siete divisiones de tercer grado, lo cual significaba que los primeros días de colegio eran un caos total. Cuando la maestra de educación física aparecía en la puerta del aula, siempre era una presencia bienvenida, ya que llevaba a los alumnos al patio de juegos. Después de la clase de educación física, cada una de las maestras tenía la responsabilidad de ir a recoger sus alumnos. Era muy interesante, sobre todo el primer o segundo día de escuela, ver a las siete maestras tratando de obtener la atención de más de 200 alumnos que apenas las conocían. Sin embargo, después de unos pocos días, ocurría algo asombroso. Cuando nos poníamos en fila para recoger a nuestros niños, bastaban apenas una palabra o dos para lograr que vinieran corriendo hacia nosotras. Pronto aprendían a reconocer la voz de su nueva maestra, ya que la escuchaban todo el día en el aula. Nosotras tenemos que hacer lo mismo. En cada circunstancia y situación, tenemos que escuchar la voz de Dios.

Cuando nos sentamos a los pies de Jesús, el enfoque de nuestra vida gana claridad. En esos momentos, cuando nos hemos detenido el tiempo suficiente como para escuchar su voz, ganamos la batalla por obtener equilibrio. Después de haber estado en silencio en su presencia, tenemos el poder de incorporar una vida equilibrada.

Tercera verdad: Tenemos que descubrir cuál es el plan para nuestra vida

Tanto Marta como María dieron su contribución al Señor. Pero cada una de ellas contribuyó de manera diferente, utilizando los dones que les había otorgado Dios. Juntas, ellas presentan la imagen de equilibrio que tenemos que imitar. Algunas de nosotras desearíamos solamente servir a Dios, mientras que otras estamos contentas de simplemente sentarnos a sus pies. Una vida equilibrada requiere ambas posturas.

Hace algunos años, participé en el Sorteo del Selecciones del Reader's Digest. Esperaba ganarlo. Danna estaba a la espera del cartero todos los días, trayendo otra tarjeta más, otra carta, notificación o promesa de una gran recompensa que estaría por llegar a la brevedad. Con cada entrega del correo, Danna estaba cada vez más entusiasmada, hasta que por fin me preguntó: «Mamá, si ganas esos doce millones, ¿piensas que podrías compartir parte de ellos con los miembros de nuestra familia?» ¡Qué talento tiene mi hija! Consideré su pedido y luego le dije que probablemente podrían persuadirme a dar una porción de mi enorme riqueza. Pude ver cómo le brillaban los ojos, mientras especulaba cuánto le tocaría a ella. No pude resistir la tentación de preguntarle. «Danna, ¿exactamente qué harías con el dinero?» Su respuesta fue rápida y certera: «Me compraría una criada, para no tener que realizar una tarea más en mi vida». Odiaba tener que desilusionarla. Sin embargo, me resultaba obvio que necesitaba traerle una cuota de realidad. Le recordé que, hasta que apareciera, de hecho, esa mucama, ella aún tenía un cuarto que limpiar y tareas que hacer.

Desafortunadamente, muchas de nosotras tenemos una percepción similar del plan de Dios. Estamos a la espera de la llegada inesperada de recursos espirituales que nos liberen de todo quehacer para el reino de Dios o que nos exija a servir de alguna manera. Anhelamos obtener satisfacción y significado en la vida, pero nos negamos a buscar o seguir el plan de Dios. Sin embargo, sólo encontraremos equilibrio y contento sirviendo a Dios en el contexto del plan que Él haya creado.

Cuando se trata de obras del reino, las palabras del apóstol Pablo nos dan una clara directiva: «Nunca dejen de ser diligentes; antes bien, sirvan al Señor con el fervor que da el Espíritu» (Romanos 12.11). Este versículo describe la actitud del corazón que tendríamos que cultivar como hijos de Dios. Es la actitud de un siervo. Tenemos que servir a Dios con entusiasmo, con un espíritu entusiasta y una pasión pura y santa. Esta clase de servicio emerge cuando lo servimos con los dones correctos y las motivaciones más altas, y en el momento adecuado.

Muchas de nosotras tratamos de servir al Señor con dones que nosotras o los demás pensamos que tendríamos que tener, en vez de tomarnos el tiempo de descubrir los dones de servicio que nos ha dado Dios. Vemos una necesidad y pensamos que nosotras somos las que tenemos que satisfacerla. Es necesario realizar un trabajo, así que pegamos un salto para salvar el mundo. Como la aprobación y el reconocimiento público alimentan la condición debilitada de nuestro trayecto espiritual, aceptamos tareas como alimento para nuestros frágiles egos. El resultado es vacío, frustración y despojos. No desperdiciemos los preciosos recursos y llamamiento divino de nuestra vida con el solo fin de vivir para la aprobación de los demás. Seriamente, descubramos nuestros dones y utilicémoslos para realizar aquellas cosas para las que nos ha creado Dios. El escritor del Salmo 139 nos dice:

> Señor, tú me examinas, tú me conoces. Sabes cuándo me siento y cuándo me levanto; aun a la distancia me lees el pensamiento. Mis trajines y descansos los conoces; todos mis caminos te son familiares... Tú creaste mis entrañas;

me formaste en el vientre de mi madre. ¡Te alabo porque soy una creación admirable! ¡Tus obras son maravillosas, y esto lo sé muy bien! Mis huesos no te fueron desconocidos cuando en lo más recóndito era yo formado, cuando en lo más profundo de la tierra era yo entretejido. Tus ojos vieron mi cuerpo en gestación: todo estaba ya escrito en tu libro; todos mis días se estaban diseñando, aunque no existía uno solo de ellos. (Salmo 139.1-3, 13-16)

Aceptar una vida de equilibrio requiere un inventario espiritual personal para poder descubrir quiénes somos realmente a los ojos de Dios. ¿Cuál es el centro evidente alrededor del cual gira nuestro mundo? ¿Cuál es el principal mensaje que comunica mi vida? ¿Cuál es el lamento de mi corazón?

Cada una de nosotras hemos sido especialmente modeladas para servir. Fuimos creadas en respuesta al plan de Dios para nuestra existencia. Para determinar esa forma y experimentar todo lo que Dios tenga para nosotras, tenemos que entendernos a nosotras mismas de una manera que sólo puede hacer posible el Espíritu Santo. En cada una de nosotras existen dones, pasiones, habilidades y talentos únicos que nos dan los recursos para los propósitos y planes que Dios tiene para nosotras. Incluso nuestras personalidades, junto con cada virtud y debilidad, se convierte en parte de nuestro plan individual de vida. Cada experiencia, buena o mala, es utilizada por Dios para darnos forma y moldearnos a su imagen. Cuando comprendemos y expresamos su propósito, nuestra vida comienza a caer en su lugar y experimentamos una paz y un equilibrio que sólo se pueden encontrar en una vida centrada en la obediencia a Dios.

¿Recuerdan a Marta? Tendríamos que darnos cuenta de que Jesús no la reprendió por su trabajo, sino sólo por su actitud en su trabajo. En Juan 12.1-2, vemos a Marta sirviendo una vez más: «Seis días antes de la Pascua llegó Jesús a Betania, donde vivía Lázaro, a quien Jesús había resucitado. Allí se dio una cena en honor de Jesús. Marta servía». Creo que Dios le dio a Marta el don de la hospitalidad para que ella pudiera ministrar a su Hijo. Pero, qué habría ocurrido si Marta hubiera dicho: «¡No deseo ser Marta! ¡Deseo ser María!» Odio pensar en las alucinantes bendiciones y raras oportunidades que nos perdemos de dar y recibir en la vida porque no hemos descubierto y utilizado verdaderamente los dones que nos ha dado Dios. Malgastamos una energía esencial y desperdiciamos un tiempo invalorable tratando de ser alguien que jamás fuimos creadas para ser. Como resultado, no tenemos paz, y el equilibrio parece ser un sueño imposible.

Por otro lado, nuestro dar puede y tiene que consistir en algo más que dones de servicio. «María tomó entonces como medio litro de nardo puro, que era un perfume muy caro, y lo derramó sobre los pies de Jesús, secándoselos luego con sus cabellos. Y la casa se llenó de la fragancia del perfume» (Juan 12.3). Imaginen el corazón de Jesús mientras observa cómo lo sirve María con ese total abandono, dándole todo lo que ella tiene. Él sabía que su don era un gran sacrificio financiero y personal. El perfume que le da María a Jesús cuesta el equivalente al salario de un año. La casa se llena no sólo con la fragancia del perfume, sino también con el dulce aroma del servicio sacrificado que fluye de un corazón pleno de motivaciones correctas.

Yo estoy convencida de que la obra de Dios no nos agota. Creo que nos agotamos realizando la obra de Dios de la manera incorrecta y por razones equivocadas. En otras palabras, tratamos de servir a Dios con nuestras fuerzas limitadas. He aprendido a los golpes que cuando Dios nos llama a realizar algo, nos da siempre los elementos y el poder necesarios para hacerlo.

Durante años he tratado de hacer aparecer dones que no tenía e ignorar aquellos que sí tenía, porque no eran los que yo deseaba o sentía que tendría que tener. Mis motivos no eran puros. Eran egoístas y equivocados. El resultado fueron dos años metida en un profundo y horrible pozo oscuro. Dios utilizó esa fosa para enseñarme la verdad inequívoca aunque liberadora que cuando Él me creó, incluyó cada don, talento y pasión que fueran necesarios para llevar a cabo la misión que Él tenía para mí. Comencé a caminar sabiendo que cuando aceptamos su plan y esos dones, no sólo encontramos el gozo de servir a Dios sino una nueva fortaleza y dirección certera también.

Me han dicho que el Mar de Galilea y el Mar Muerto están formados por la misma agua clara y fresca que fluye desde las alturas del Monte Hermón. El Mar de Galilea crea belleza con este don porque tiene una salida. ¡Recibe para dar! El Mar de Galilea reúne sus riquezas y luego las vierte nuevamente para regar las planicies del Jordán. Pero el Mar Muerto, con esa misma agua, es un lugar que carece de vida. El Mar Muerto no tiene salida. Sólo se guarda el agua.

Cuando vertemos nuestra vida en el servicio asignado por Dios, utilizando los dones que nos haya dado, el resultado será siempre restauración y abundancia. Las motivaciones correctas y los dones dan como fruto una vida llena de hermosura, paz y felicidad, siempre y cuando equilibremos esos dones y motivos con los tiempos de Dios. Sé lo que están pensando: siempre es un buen momento para ponernos de pie y servir a Dios. Pero las vidas de María y Marta nos relatan algo bastante diferente.

El equilibrio viene sólo después de habernos detenido para sentarnos en dulce silencio a los pies de Jesús, para escuchar su voz y absorber su plan. Luego, no podemos evitarlo: nos sentimos impulsadas a servirlo en respuesta a su amor por nosotras y como resultado de su poder. Tan ciertamente como que un árbol frutal produce frutas, aquella persona que haya estado sentada a los pies de Jesús, le servirá.

«Permanezcan en mí, y yo permaneceré en ustedes. Así como ninguna rama puede dar fruto por sí misma, sino que tiene que permanecer en la vid, así tampoco ustedes pueden dar fruto si no permanecen en mí. Yo soy la vid y ustedes son las ramas. El que permanece en mí, como yo en él, dará mucho fruto; separados de mí no pueden ustedes hacer nada» (Juan 15.4-5). Permanecer en la vid significa descansar;

aguardar la fortaleza y alimento de la vid o residir en ella. Así como un campo que ha descansado y se ha reabastecido produce una magnífica cosecha, nuestra vida será más productiva y fructífera cuando hayamos cuidado el suelo de nuestro corazón y mente de la manera correcta.

Por cierto, estar fuera de equilibrio no es bueno. Cuando la máquina de lavar la ropa está fuera de equilibrio, salta y golpea por el piso. Cuando el saldo de la chequera no cuadra, no hay duda de que tendremos noticias del banco. Cuando los neumáticos del automóvil no están balanceados, andaremos a los brincos. Cuando la vida está fuera de equilibrio, los resultados pueden ser desastrosos. Las prioridades están distorsionadas, se agota el poder crítico de la vida, y el pozo de oscuridad se avecina cada vez más. Salir de la oscuridad y permanecer fuera de ella es algo que podemos lograr. Tenemos que vivir todos los días buscando a Dios con toda el alma, concentrándonos fielmente en su plan y sirviéndole con alegría: abrazando una vida equilibrada.

Pensamientos del Otro Lado del Pozo

¿Han recibido alguna vez un regalo que hubieran deseado poder devolver, pero que no les fue posible hacerlo? Sin duda, ésa es la manera en que me sentí con respecto al pozo de la depresión. Deseaba llevar ese horrible agujero oscuro a la «Tienda de Pozos» más cercana para cambiarlo por una enorme montaña de victoria. Sin embargo, al estar ahora de pie del otro lado del pozo, me doy cuenta de que no cambiaría ese obsequio que no tiene precio por ningún otro. Se ha convertido en la experiencia más definitoria de mi vida, y volvería a pasar por lo mismo de buena gana mañana mismo para obtener lo que Dios ha logrado en mi vida a través de la oscuridad de la depresión.

Los pozos son algo cierto

Vendrán los momentos difíciles. La oscuridad nos hallará. En algún momento de nuestra vida, nos encontraremos en un pozo. Puede ser un pozo de malas decisiones y decisiones tontas que hayamos cavado con nuestras propias manos. Puede ser un pozo a medida que nos haya preparado el enemigo mismo. Sin embargo, ¡un pozo es un pozo! Y todos los pozos son básicamente iguales: oscuros, solitarios y colmados de la fealdad de la vida.

Los pozos tienen un propósito

Cada pozo tiene un propósito. Llegan a nosotras por alguna razón. Los pozos tienen una manera asombrosa de traer equilibrio a la vida: un equilibrio entre la pena y la alegría, entre la oscuridad y la luz, entre la fe y la duda, entre la debilidad y la fortaleza. La vida es como una receta médica. Los ingredientes individuales pueden parecernos dañinos, pero cuando están mezclados y equilibrados, aportan salud. Los pozos son parte de la receta de la vida.

Los pozos exigen que cambiemos de perspectiva. Nos hacen detenernos y escudriñar nuestras prioridades, eliminando lo trivial y concentrándonos en lo importante. Los pozos nos dan ojos nuevos y una meta celestial.

Los pozos vienen a fortalecernos. Nuestra lucha para escaparnos de la oscuridad nos obliga a admitir nuestra insuficiencia y a buscar poder fuera de nosotras mismas.

Se puede salir del pozo

Si existe un mensaje central en este libro, es que hay esperanza. ¡Yo salí del pozo y ustedes también pueden lograrlo! Es posible que el camino les parezca eterno y, por momentos, algo cruel. Recuerden que no han caído en la fosa de la noche a la mañana, así que tampoco saldrán de ella con rapidez. El trayecto para salir del pozo comienza y termina con un pequeño paso. Tenemos que caminar derecho hacia delante a través de nuestros miedos. Y con cada paso, momento a momento, la oscuridad comenzará a levantarse.

Se puede regresar al pozo

Cuando de pozos se trata, hay buenas noticias y malas. La mala noticia es que aquellas personas que luchan con la depresión tienden a luchar con ella durante el resto de su vida. La buena noticia es que aquellas cosas que las sacaron del pozo, las mantendrán fuera de él.

Con frecuencia, me acerco al borde de ese oscuro agujero tan conocido porque deseo recordar cómo llegué allí. ¡Luego hago una fiesta en mi alma y me alegro de haber salido!

Se puede aprender a permanecer fuera del pozo

Tenemos que colocar cercos de protección alrededor del pozo de la depresión. Tenemos que establecer prioridades. Tenemos que mantener un equilibrio. Tenemos que cultivar hábitos. Tenemos que buscar responsabilidad. Tenemos que aprender lecciones. Para proporcionar una protección constante, tenemos que cuidar los cercos. En otras palabras, continuemos haciendo lo que sabemos que tenemos que hacer.

Dios va a utilizar nuestro pozo

De las profundidades de cada pozo viene un mensaje de esperanza… un mensaje de poder… un mensaje de gracia. Es un mensaje que tenemos que compartir. Dios no desea que simplemente soportemos los pozos de la vida. La gente que no conoce a Cristo puede armarse de coraje, de suficiente fortaleza humana, como para pasar por las pruebas, ¡pero Dios tiene un plan mejor! Él no desea que simplemente sobrevivamos el dolor. Desea que nos alcemos por encima de él: ¡para celebrarlo y utilizarlo!

Del otro lado del pozo, nos daremos cuenta de que podemos ministrar a las personas que estén en las garras de la depresión. Entendemos sus miedos. Conocemos la realidad de su oscuridad y la profundidad de su dolor. Las personas que sufren nos escuchan como no escucharían a ninguna otra persona. ¿Por qué? Porque solíamos ser como ellas… habitantes de fosas.

Cuando comenzamos a compartir nuestro trayecto, cuando tomamos la decisión de ayudar a los demás a encontrar su camino hacia la luz, Dios nos fortalece y nos mantiene fuera del pozo. La decisión de usar nuestra fosa desata el poder de Dios en nuestra vida como nunca lo había hecho antes.

La vida es más dulce del otro lado del pozo

A menos que hayamos pasado tiempo en la oscuridad, no sabemos realmente cuán brillante es la luz. El cielo es más azul. Cada día descubrimos nuevas alegrías. Las relaciones son más profundas y plenas. Nos rodea una paz que se asemeja a un viejo amigo. La presencia íntima y fiel de nuestro Padre amoroso se convierte en la realidad que siempre habíamos soñado. Y, hablando de sueños, ¡tengo tantos en mi corazón y mi vida en este momento!

Un último pensamiento

Un apicultor le dijo cierta vez a F. B. Meyer cómo se las alimenta a las jóvenes abejas para garantizar un crecimiento sano. La reina pone cada huevo en una celda hexagonal, llena de suficiente polen y miel para alimentar el huevo hasta que alcance un cierto grado de madurez. Luego se sella la parte de arriba con una cápsula de cera.

Cuando se termina la comida, ha llegado el momento para que la pequeña criatura sea liberada. La cera es tan difícil de penetrar que la abeja sólo puede realizar una pequeña abertura angosta. Es tan angosta, que en la agonía de la salida, la abeja se limpia frotando la membrana que rodea sus alas. ¡Cuando por fin emerge, ya puede volar!

El hombre que estaba relatando esa historia dijo que una vez se había metido una polilla en el panal y había devorado las cápsulas de cera. Como resultado de ese ataque, las jóvenes abejas salieron de las celdas sin ningún esfuerzo o problema. Pero no pudieron volar.

Recuerden, mis amigas, es gracias a nuestras luchas en medio de la prueba y el camino de salida de la fosa que lo mejor de nosotras puede tomar vuelo.

¡Hoy estoy volando! ¡Y algún día muy pronto, ustedes también mirarán a su alrededor y se darán cuenta de que están saliendo de la oscuridad!

Apéndice A:
¿*Están Deprimidas?*

Sentirse de vez en cuando deprimida es parte de la vida. Pero si dura más de dos semanas, tienen que consultar con su médico o con un consejero cristiano. Un simple cambio de dieta, medicamentos o estilo de vida puede ser la solución. Sin embargo, muchas personas necesitan una mayor ayuda.

La siguiente es una lista para ayudarlas a determinar si ustedes o alguno de sus seres queridos están deprimidos. Están ustedes o su amigo/a o ser querido experimentando:

Fatiga o menos energía

Irritabilidad y/o enojo

Tristeza

Falta de interés en actividades normales

Insomnio o demasiado sueño

Aumento o pérdida de peso

Llanto excesivo

Pensamientos de muerte o suicidio

Incapacidad de participar en relaciones normales

Incapacidad de trabajar o llevar adelante actividades normales

Dificultad para tomar decisiones

Por favor, si han marcado tres o más ítems, consideren buscar ayuda.

Posibles factores que puedan desencadenar depresión*

Físicos

- Enfermedad
- Fatiga
- Medicamentos
- Desequilibrio hormonal o químico
- Demasiados compromisos
- Demasiadas responsabilidades, etc.

Psicológicos

- Pérdida importante (muerte, divorcio, haber sido despedidas de su empleo). El proceso natural de duelo puede convertirse en depresión si no se detiene en una de estas etapas.

  Proceso de duelo:

  Negación

  Enojo hacia afuera

  Enojo hacia adentro

  Verdadera pena

  Resolución

- Rechazo
- Importante cambio de vida
- Patrones aprendidos (cómo fueron criadas; si les enseñaron patrones negativos de pensamiento)
- Crisis de los cuarenta (miedo de no poder alcanzar jamás sus objetivos)

- Ansiedad
- Volverse ancianas (soledad, pérdida del cónyuge, falta de propósitos)
- Enojo reprimido

Espirituales

- Desobediencia
- Período posterior a una gran victoria
- Culpa (culpa falsa: legalismo en vez de amor y gracia; verdadera culpa: convencimiento de pecado o negarse a hacer frente al pecado)
- Perspectivas equivocadas
- Prioridades equivocadas
- Una vida desequilibrada
- Perfeccionismo
- Esfuerzo propio (tratar de vivir mediante nuestro propio poder; vacío)
- Concentrar toda la atención en uno mismo
- Época de aprendizaje (los momentos difíciles pueden ser momentos de aprendizaje)

Apéndice B:
¡*P*romesas para el *P*ozo!

A continuación les presento algunos de mis versículos y libros favoritos. Mi oración es que las consuele a ustedes o a alguien a quienes ustedes amen.

Ten compasión de mí, oh Dios; ten compasión de mí, que en ti confío. A la sombra de tus alas me refugiaré, hasta que haya pasado el peligro (Salmo 57.1).

A la sombra de tus alas cantaré, porque tú eres mi ayuda. Mi alma se aferra a ti; tu mano derecha me sostiene (Salmo 63.7-8).

Conduciré a los ciegos por caminos desconocidos, los guiaré por senderos inexplorados; ante ellos convertiré en luz las tinieblas, y allanaré los lugares escabrosos. Esto haré, y no los abandonaré (Isaías 42.16).

Sácame de la prisión, para que alabe yo tu nombre (Salmo 142.7).

Dios es nuestro amparo y nuestra fortaleza, nuestra ayuda segura en momentos de angustia (Salmo 46.1).

Él fortalece al cansado y acrecienta las fuerzas del débil…pero los que confían en el Señor renovarán sus fuerzas; volarán como las águilas: correrán y no se fatigarán, caminarán y no se cansarán (Isaías 40.29, 31).

Los justos claman, y el Señor los oye; los libra de todas sus angustias. El Señor está cerca de los quebrantados de corazón, y salva a los de espíritu abatido (Salmo 34.17-18).

Alaba, alma mía, al Señor; alabe todo mi ser su santo nombre. Alaba, alma mía, al Señor, y no olvides ninguno de sus beneficios. Él perdona todos tus pecados y sana todas tus dolencias; él rescata tu vida del sepulcro y te cubre de amor y compasión (Salmo 103.1-4).

¿Por qué voy a inquietarme? ¿Por qué me voy a angustiar? En Dios pondré mi esperanza, y todavía lo alabaré. ¡Él es mi Salvador y mi Dios! (Salmo 43.5-6).

Yo amo al Señor porque él escucha mi voz suplicante. Por cuanto él inclina a mí su oído, lo invocaré toda mi vida. Los lazos de la muerte me enredaron; me sorprendió la angustia del sepulcro, y caí en la ansiedad y la aflicción... estaba yo muy débil, y él me salvó (Salmo 116.1-3, 6).

Toma en cuenta mis lamentos; registra mi llanto en tu libro. ¿Acaso no lo tienes anotado? (Salmo 56.8).

Pero él me dijo: "Te basta con mi gracia, pues mi poder se perfecciona en la debilidad." Por lo tanto, gustosamente haré más bien alarde de mis debilidades, para que permanezca sobre mí el poder de Cristo. Por eso me regocijo en debilidades, insultos, privaciones, persecuciones y dificultades que sufro por Cristo; porque cuando soy débil, entonces soy fuerte (2 Corintios 12.9-10).

Porque yo sé muy bien los planes que tengo para ustedes afirma el Señor, planes de bienestar y no de calamidad, a fin de darles un futuro y una esperanza. Entonces ustedes me invocarán, y vendrán a suplicarme, y yo los escucharé. Me buscarán y me encontrarán, cuando me busquen de todo corazón (Jeremías 29.11-13).

Tú, Señor, eres mi lámpara; tú, Señor, iluminas mis tinieblas (2 Samuel 22.29).

En su angustia clamaron al Señor, y él los salvó de su aflicción. Los sacó de las sombras tenebrosas y rompió en pedazos sus cadenas. ¡Que den gracias al Señor por su gran amor, por sus maravillas en favor de los hombres! (Salmo 107.13-15).

Te daré los tesoros de las tinieblas, y las riquezas guardadas en lugares secretos, para que sepas que yo soy el Señor, el Dios de Israel, que te llama por tu nombre (Isaías 45.3).

Puse en el Señor toda mi esperanza; él se inclinó hacia mí y escuchó mi clamor. Me sacó de la fosa de la muerte, del lodo y del pantano; puso mis pies sobre una roca, y me plantó en terreno firme. Puso en mis labios un cántico nuevo, un himno de alabanza a nuestro Dios. Al ver esto, muchos tuvieron miedo y pusieron su confianza en el Señor (Salmo 40.1-3).

Libros que me
fueron especialmente útiles:

■ La Biblia; especialmente el libro de los Salmos

■ *Depression* de Don Baker y Emery Nester

■ *Reclaiming Surrendered Ground* de Jim Logan

■ *Victory over the Darkness* de Neil T. Anderson

■ *Blow Away the Black Clouds* de Florence Littauer

■ *He Still Moves Stones* de Max Lucado

■ Todo lo escrito por Barbara Johnson

Apéndice C:
Diario de la Victoria

Como lo descrito en el capítulo 3, yo las animo a que usen este diario para llevar un registro de los hitos espirituales de su vida. Permitan que las victorias en su presente les den esperanza y consuelo para el futuro.

_____

_____

_____

_____

_____

_____

_____

_____

_____

_____

_____

_____

_____

_____

_____

_____

_____